DOLLARS AND SEX

How Economics Influences Sex and Love

情场爱市

你必须了解的性与爱的经济学

(美)玛丽娜·艾德谢德 著
斯塔夏 译

新星出版社　NEW STAR PRESS

DOLLARS AND SEX

前　言	1

第一章　珍惜眼前人	7
为什么我们不得不等待男性来避孕？	14
性交易市场的价格风险是怎样的？	20
为什么"爱你身边的那个人"不能让你觉得快乐？	24
滥交能否使国家富强？	30

第二章　在大学校园里勾搭	33
与陌生人发生的随机性行为	40
用性行为作为支持你完成学业的方法	44
性感火辣的教授就是教室里行走的荷尔蒙	48
在两性刺激中的男性迫不及待地想要消费	52
在亢奋激动的那一刻，坏主意看起来更像是好主意	56

第三章　网络空间中的爱情	61
SLF——单身自由主义的女性——寻求同类男性共同谱写浪漫乐章	66
女性大胆而挑逗的衣着是否助跑了经济发展呢？	72
经济学家能否给在线约会用户一点指示，用以提高他们找到爱情的机会呢？	78
外貌欠佳的人会更多地粉饰网上约会的简介	84

第四章　你使我完整	90
一个丈夫值多少钱？	98
就算是好莱坞婚姻，教育因素也举足轻重	106
婚姻巩固着经济等级体系	110
接受教育有利于不同人种通婚	116

第五章　婚姻是一项良好的制度	120
婚姻简史	122
何时卖淫活动变得比婚姻更可取	132
一夫一妻制是否驱使我们酗酒？	136
婚前同居	144

第六章　挣钱养家　　149

妻子为冠夫姓支付代价　　152
危机中的印度婚姻市场　　156
设身处地体谅在工作岗位上的男性　　160
女同性恋者更加勤俭持家　　164
润滑剂来做指标?　　168
我的丈夫是垃圾债券　　172

第七章　下一代已经成年　　178

立法禁止青少年性行为　　182
避孕套在学校的推广使用却提高了青少年怀孕率　　188
非洲的禁欲程序导致了青少年中艾滋病风险升高　　196
卖掉她们最宝贵的资产　　200

第八章　淘气是天性　　206

换妻俱乐部正在窃取性交易市场的份额　　208
偷情是一个动态不一致的问题　　212
你会因为招妓而感到内疚吗?　　218
计划生育改变了女性对男性的偏好　　222
经济上的刺激是否可以减少女性婚外情呢?　　226

第九章　爱在日落黄昏时　　233

中个大乐透可以令单身生活轻松得多　　236
矮个子男人多娶到年轻妻子　　240
难道没有为中老年女性开设的妓院吗?　　250
丰胸术预示着经济的活跃　　254
真正的"尽情尽性"　　260

尾　声　　263

鸣　谢　　273

前　言

你有没有好奇过：是不是男性中那些"器大活好"的人要比只有普通尺寸的人生活得更好？或者，更确切地说，如果你发现"全球阴茎长度分布地图"是经济学家在寻求经济学问题答案时所得出的数据，你会不会感到吃惊呢？

经济学被称为悲观科学，不过获得这一称谓并不是因为经济学家没能成功预测近期全球性的经济萧条，或者是历史上的每一次经济危机；而是因为从前有一位经济学家兼教区牧师托马斯·曼，他在18世纪末曾预测，只要大不列颠的村妇们一直"合不拢腿"，那么社会繁荣昌盛就遥遥无期。

当谈到性行为，托马斯无疑是一位悲观主义者。但并不是所有经济学家都对这一生命中最甜美的"极乐"抱持如此消极的态度。特别是过去十年间，井喷式地出现了大量学术性研究，这些研究活动都急切地使用经济学理论和数据来探索心灵问题——以及肉体问题。

文献的内容和结论作为各项理论和例证的总结，确实给每个人带来了经济学的"雄起"。

我致力于寻找的特殊反馈出现在四年前,当时我正在谈论性行为和爱情将是很棒的方法,它可以让我的大学学生们对未来经济学学习抱有极大的期待。

随着时间的流逝,我意识到着手进行有趣的话题设计和相关的数据收集可以帮助我的学生们理解市场运行方式,而这逐渐演变成一种新奇的途径,能让他们明白自己在性行为与爱情市场中的自身地位。他们开始青睐这种方法并因此影响了寻找配偶的行为,逐渐将我们在课堂上引入的各种概念应用到他们的生活之中。

不仅仅是我的学生们观念改变。当我开始以经济学角度探究性行为与爱情的原因时,纵观自己个人生活的每个细节,我意识到从经济学者的视角竟然可以洞察得如此清晰明了。

下面给你举个我自己的例子吧。

我从来不认为在线约会网站对我来说是个寻找配偶的好办法(晚一点我会谈谈原因)。但是我却开始思考交易稠密市场和交易清淡市场之间的区别。交易清淡的市场中其参与者相应较少,这造成买卖双方难以达成双方都认可的成交价格。而在交易稠密市场中,因为市场参与者众多,使得买卖双方达成互相认可的交易价格的可能性大幅度提高。

在线约会网站就属于交易稠密市场。如果我阐明自己接受的"交易价格"——同时作为该市场中的买方和卖方,以此来约会最有可能匹配我的人的话,那么对我来说线上寻找爱情的确是可行的。不是单纯因为更简单易行(在许多方面它并不容易),而是因为在交易稠密市场可以提高可能性,让我更有可能找到对的人组成高质量的恋爱关系。

这就是我的理论,至少,我已经验证过了。

我所提出的几乎每个观点、每个决策以及每个有关性行为与爱情的结果,都是在经济学构架下进行过充分分析的。实际上,如果以经济学因素继续阐述,我完全可以把话题引申得更为深远,毕竟我们所了解的周遭世界错综复杂。这就是事实,比如当我们试图决策是否相信政府应该投资到计划生育上,还是应该支持政府去帮助大型企业财团走出困境;或者当我们评估是否去承担享受风流生活的成本,还是该承担多花上一年在学校深造的成本;又或者当我们选择是否愿意铤而走险去尝试婚外情,还是应该去冒险将继续投资到股票市场中。

《爱情市场》意在收集不同类型的故事,借以阐述经济学理论是以怎样的方式构成当今社会上我们所认知的性行为关系。有些故事很简短,分散于全书各个部分,讲述经济学因素怎样影响个人性行为(所有故事都是真人真事,出于某些考虑,换掉了姓名以避免造成不必要的影响)。有些故事则是以数据说话。统计学拥有揭示选择的力量,就字面意义来讲,成千上万的男男女女以某种方式满足了经济学上的要求,经济学家们找到了特殊情况和在这些情况中人们做决策两者之间可测量的关系。最终,这些故事给我们描述出一个框架来理解我们在生活中各个方面做出的决策。而且这些通过经济学理论讲述的故事采用了性行为与爱情的市场经济模型。

本书由三个主要部分组成,每个部分表述我们生活的一个阶段,而每个部分又分为三个章节。

在第一部分中,我侧重于年轻、奔放而自由的一代。大部分革命都始于经济学原因,谈到性的革命也没有什么不同;性开放化的价值覆盖了整个20世纪后半叶，在这一个经济学案例中，当每个人权衡婚前性行为的成本和效益后，对于问题"今晚我要不要做爱？"做出的决策是"为什么不呢？"热衷于性开放的人，很多都是大学在校生，但是他们的性行为与爱情市场却不均衡——现在女性学生人数远超男性学子。在大学校园里充斥着更多的一夜情，传统意义的约会逐渐变成了远古时代的产物。谈到传统意义的约会走到尽头，第一部分的最后一章是关于性行为与爱情网络市场的，以一个经济学者的身份，我想借此机会感谢很多人参与了大量的数据采集，而这大大有助于我们了解世界各地的男性和女性是如何寻找爱情的。

我们当中的大多数人最终都会达到一个人生阶段，在这个阶段会觉得那个在我们的住处有自己的牙刷达几个月之久的人，真的应该留下更久一些，这就把我们带到了本书的第二部分。在婚姻中，如同在生命里，我们并不能总是得到自己想要的，但是却满怀期待以自身的保留价值找到一位足够优秀的伴侣，使我们有充足的机会从婚姻这项交易中获取利益。我们得到那些需要的（我知道你觉得这很浪漫，等你看到我所写的经济学婚姻誓词你就懂我意思了！）婚姻并不总是一位男性与一位女性的结盟；在该项安排上尚有选择余地，而经济学因素则在左右这些安排的合法性、社会观念和认可度上，扮演了重要的角色。本书第二部分的最终章节是关于夫妻之间通过何种方式来决定谁在婚姻中占有主控权的。好吧，这有点过于简单化了，但是我之所以要讲述婚姻中的讨价还价是因为每位已婚人士都知道，这样的谈判绝不会因为签署了一纸婚约而终结。

顺理成章，我们过渡到本书的第三部分。在我们人生的这一阶段，孩子们都已经长大成人有了自己的性生活。一些学校和教育机构采取多学科综合研究性教育。当您读完第三部分的第一章后，我相信您自然会认同经济学应被包含于性行为研讨课程中。当然我也会讲述关于这方面的经济案例：人们会权衡婚外性行为的成本和效益做出决策，有时伴侣是知情的，有时则不然；当回答"我要不要尝试婚外性行为？"答案是"为什么不？"——即使之后会为此后悔。而最后，在本书落幕之前，我们会谈谈快速增长的性行为与爱情市场——男人和女人通过这个市场相识，有时也随之稳定下来，共同度过后半生。

当您阅读《爱情市场》时请记得以下几点。

首先是实验性证据，多个案例通过数据告诉我们，经济学理论并非试图去描述社会上的每个人，而是去总结社会上大部分人的平均行为。人类行为是复杂的，我们所做的各种选择基本上都带有个人偏好倾向。举个例子，平均来说证据显示女性有强烈的偏好，去约会与自己属于同一种族背景的男性。也许你读到这些时会觉得这不真实，因为你自己就不是这种偏好。那很可能是因为，现实中在那些从未与其他人种约会过的女性和从未与自己同种族约会过的女性之间，分布上存在着这方面的偏好差异。通过研究观察发现，这种不同偏好分布的折中点更加靠近倾向于与自身同种族的女性偏好一边。这就是平均偏好，尽管这对你来说不一定准确，但仍然能帮助你理解其他人的行为。

由此过渡到我要说的第二点，那就是本书中没有证据是通过民意测试得来的。经济学家们感兴趣于各人实际做出的决策，而不是每个人对于给出选项时回答的可能选择。我们坚信的理念称为"显示性偏好"，用来描述人们的案例；我们观察人们做的决策并通过这些信息推测他们的偏好。举例来说，我们不会去询问女性，要是和自己不同人种的男性约会会感觉怎样。如果我们这么做了，大部分女性出于某些原因会感到自己被迫表达没有种族歧视倾向。相反的，我们通过搜集线上约会网站或者快速约会的数据去观察女性愿意约会的男性类型。通过观察表明，女性通常对和自己同种族的男性约会更感兴趣，这就帮助我们判断女性平均水平上对此问题的偏好。

本书中我们讨论的第三点完全集中在人们实际上是如何行动而不是人们"应该"如何行动上。我想从最开始就表达清楚，我无意去谈论"好"与"坏"，或者"对"与"错"的行为——不论是从个人还是从社会大众的角度。这并不是说我觉得那些评判不重要，但是身为一名经济学者，通过人们的行为来评价他们并不是我的职责所在。

对了，在我们正式开始之前，你也许会想知道我在前言最开始提出那个问题的答案。答案既是yes也是no——男性生殖器的尺寸和经济意义上的幸福之间，可以这么说，是呈现分布差异的。在那些平均"丁丁"尺寸偏小的国家，情况可能比较糟糕。随着"丁丁"尺寸的增大，国民收入也会增加，但是增长有一个临界点，超过该临界点之后，随着"丁丁"尺寸的增加，国民收入会逐渐趋近于那些"小码"国家。就是说在那些"大尺寸"国家，平均来看，情况也会更糟，当然这不涵盖所有方面（显而易见）。我把这种现象称为"波纳曲线"。我是不太在意这种结果的，毕竟通过（经济学）模型演示，很容易就能告诉你正在寻找的答案。[1]

---

[1] 这些结果基于一篇论文，作者是赫尔辛基大学一位勇敢的博士生，塔特·韦斯特灵。

第一章　珍惜眼前人

——卡萨诺瓦[①]用柠檬作为避孕工具

时间回到2003年，这话出自一位杰出的宏观经济学家之口，他是宾夕法尼亚大学的主讲嘉宾，刚刚说到"卡萨诺瓦用柠檬作为避孕工具"，这群一起吃午饭的人，都是些专心致志的经济学家，瞬间瞪大眼睛。屋子里95%的人（先生们）都在想，"天啊这是怎么做到的？"而余下的5%（女士们）则暗自思忖着，"哎呀这……"我呢，则是后者之一，着手记下关于这个不可思议的性相关事实在听众中进一步的反映。

卡萨诺瓦这诱人的行为暂且放在一边，发言者引入一个很好的观点：20世纪以来，性价值观上的自由主义本身就是一个经济学案例。在这个案例中，宾州大学（宾夕法尼亚大学）的经济学家提出，避孕措施上的技术革新，已经明显动摇了关于，好吧，关于性行为的成本

[①] 18世纪欧洲著名的风流才子。

效益分析。这项分析每天来自于成千上万的男男女女，简言如下："我今晚到底要不要做爱呢？"

这种新"技术"，起源于教育和平等的改变，继而逐步过渡到性领域。如果你质疑经济因素是否真的作用于这个日益纷繁复杂的社会演变过程中，请思考如下证据：

- 在1900年，仅6%的19岁未婚女性有过性行为，而一个世纪之后，19岁未婚女性该项比例为75%。
- 避孕措施的技术在近五十年间使预防怀孕变得更为有效；即便如此，同期未婚女性的生育数值仍然从5%激增至41%。
- 尽管这种趋势导致了数量更为庞大的婚外生育，66%的美国人仍然相信婚外生育是对社会不利的。
- 婚前性行为与家庭收入紧密相关。最贫困家庭中的女孩子婚前性行为比例高出最富裕家庭的女孩子50%。
- 婚前性行为也许已经成为常态，但它并没有完全洗脱污名；35岁以下人群中仅有48%的女性和55%的男性认为婚前性行为不是道德上的错误行为。
- 针对青少年怀孕的态度与家庭收入相关。68%来自高收入家庭的女孩子表示，对于怀孕她们会感到"非常心烦意乱"，相比之下，有相同感受的女生在低收入家庭中仅占46%
- 婚姻逐渐演变成富人的一项特权。在20世纪60年代，大学毕业群体的结婚率与仅为中学毕业的群体基本持平（为76%对72%）。如今教育水平较低的群体结婚率滑落至48%，而大学教育水平的人群仍然保持着64%的相对较高结婚率。

- 根据皮尤研究中心*（美国调查机构）研究显示，在19岁到29岁年龄层之间的年轻成人中，超过其他任何年龄段的一代，不知道婚姻的意义何在。44%的报告表示婚姻制度已经过时了，仅30%的人认同观点"拥有成功的婚姻是生命中一件最重要的事情"。

为了阐明这些行为和信念是怎样共同作用，转化了人类整体的性行为的，让我们以一位女性的经历作为开头，她的人生大抵分为三个阶段。

故事的主人公名叫简，在17岁那年她离家出走了。在此之前，简曾是女子寄宿学校的一名优等生。她所在的学校可不是那种毗邻贫民区、楼宇破败、学生毕业后就会以女服务员为业的地方。不过，当其他的学生毕业并进入大学深造后（为了找到如意郎君或者获得学位），简却选择了截然不同的道路。

简在这一年把时间花在和那些与她生活迥异的女性同伴相处上。与她不同，同伴们的成长之路都与贫困为伴。有些是性工作者，在幼年就开始从事这类交易，听命于她们这行的"老鸨"。有些则是从其他地方搬过来的，就为了能够和她们的男朋友住得近些——她们的男友正在本地监狱服刑。其他的一些在年龄很小的时候就陷入绝境并且再也没能逃出来。

事实证明，简的朋友们（即使是那些并非性工作者）也是相当的鱼龙混杂；她们与很多男人保持着性关系，有些男人待她们还不错，有些则不然。她们淫乱的生活并不是因为缺乏基本的道德底线，而是经济因素作用使然，于是她们在"今晚我要不要与他做爱？"的问题上,回答往往是"为什么不呢?"

那么,这些经济因素是什么呢?

好吧,首当其冲的,教育。自20世纪80年代初至今,劳动者希望在经济上成功就需要一纸大学文凭。这个不争的事实不仅仅体现在接受过良好教育的劳动者收入更高、升迁更快,同时也在低教育水平的劳动者收入逐年降低上得到印证。实际上,简在贫民区待的这一年,大概是那些仅有中学学历或更低的人群,实际收入下降三十年区间的开始。这种下滑使得受过良好教育和缺乏教育的职员收入之间的小差距拉开成为鸿沟。

也许当时这些女性对于其谋生机会因为缺少教育背景而变得越发局限还浑然不觉;但是对于第二个经济因素她们已经有了痛苦的认知:社会地位低下女性的婚姻前景黯淡。监禁率也在逐年攀升,实际上,简有三个以上的朋友,她们的男友都正在服刑。就算没有犯罪记录,纵观低薪资男性的收入前景也难以维系一个家庭的生活。在这个时代,即使是更加成功的男性也开始寻觅能够对家庭收入做出相同贡献的妻子,就是说连高收入男性也不再愿意考虑与缺乏教育又没有工作的女性结婚。

因此,当大部分女性还在害怕性生活混乱会影响她们的终生收入和婚姻前景时,简的新朋友们感到自己根本没有什么指望,更不用说顾虑她们的性行为史了。她们那种令人绝望的生活理念是:一次不合时宜的怀孕或者"淫乱"的坏名声对于她们当下和未来的生活水准几乎改变不了什么。

于是,对于"我今晚该不该和他睡?"这个问题的答案显而易见。"当然了,为什么不呢?"她们也的确没有什么可失去的。

简的故事的第二部分,是从与一名当地皮条客之间令人惊恐的对抗开始的:那人不择手段地拉她为自己工作。也正是这段艰难时光让简意识到,她偏离传统道路的决定也许带来了严重的后果。于是简抓起手袋(除此外一无所有)一路跑到某家航空公司,这家公司出于对她的怜悯,给她提供了一张机票,允许她飞越这个国家投奔她的姐姐——正是她姐姐给她提供了避难所和人生第二次机会。

我们将在第六章回顾简这个人生阶段的细节,但现在我想先跳过这部分,讲述她人生的第三部分。这是她真正找到自我的阶段,巧合的是,她正与我一同坐在这个房间里,好奇着柠檬是如何充当有效避孕工具的。

那些每天醒来都会发现起居室被室友搞得一片狼藉的日子已经远远地被简抛在身后。虽然目前她仍然单身,确切来说是离异,独自抚养一个幼子,另一个孩子也即将出生,但如今的她受过高等教育,独立自主,最近刚刚开始在一所知名大学深造哲学博士学位(简称PhD)。[①]同样是这位简,曾经一度认为自己与其他淫乱的女人一样,站在将被剥夺公民权的悬崖边;如今已经跻身于受过高等教育的人群中,(事实证明)二十多岁的性生活混乱不堪的女孩如今已走上了攀登经济阶梯之路。

简所在学院的新朋友们都受益于逐渐拉大的工资差距,收于均远高于接受普通教育的女性,或男性,以及过去的自己。她们这个群体不仅隶属于接受过高等教育女性的新生代,也是第一批接受过高等教

[①] 一次,当时我还是一名调查助理(刚巧就是服务于现在提出卡萨诺瓦话题的这位杰出经济学家),我曾有幸目睹美国人口普查并得知有多少女性既是单亲妈妈又完成了 PhD。你大概已经猜到答案了——一个都没有。

育，较之平均水平，较之男性均更胜一筹的一代。寻觅受过相当或更高教育的丈夫变得难上加难——似乎所有女性都在为接受教育水平较低的男性竞争。

简的新朋友，时常徘徊于完美（例如受过高等教育且有高收入）男性或者同样性生活混乱的人之间。她们也许不像简人生第一阶段遇到的女性那么滥交，但比起前述女性她们简直是"更胜一筹"。这些女性的混乱私生活并非源于道德底线的缺失，这点雷同，但主因则是来自良好的成本效益分析，再没有什么其他显著原因可以阐述了。

得出这种结论的原因非常简单：对于放荡淫乱，这些女性面对更少的不良影响。简的女伴们知道如何避免怀孕或染病，而且她们在男女关系中，具有坚持要求采取保护措施的议价能力。那么淫乱生活是否仍会导致一次不合时宜的怀孕呢？好吧，那就意味着独自抚养孩子或者终止妊娠。

而最重要的是，这些女性不会感到羞耻或者担忧，她们不会再经历母亲和祖母那个年代未婚先孕所要面对的那些惨痛经历，所以结论是，她们在这些事情上没有成本。

而这正巧把我们带回到卡萨诺瓦和他的柠檬上来。

——避孕技术简史

大众对于婚内出生率的下降存在一种普遍误解：认为这种下降起始于20世纪60年代避孕药开始被广泛应用之时。事实上，生育率下降却是早在两百年前工业革命开始之后就开始了——众多夫妻为了得到技术工人的高工资而减少了生儿育女（这个话题我们晚一点再谈）。口服避孕药似乎使女性更容易控制她们的生育时间，不过她们其实已经有很多控制生育的方法达几个世纪之久了。

举例来说，在美国，1800年代普通女性在她40岁之前生育七个子女。这个数字在19世纪的数十年间持续下降，直到20世纪30年代，普通女性人均生育仅为两名子女。所以说在避孕药投放市场之前的30年间，出生率已经降低到当今的低水平。

纵观人类历史的大部分时间，性交并避免怀孕的唯一方法就是性交中断——亦称体外射精。晚婚也对缩短女性生育年限起到辅助作用（在私生子几乎闻所未闻的时期），这是由我在简介中提到的托马斯·曼积极促进的。高单身率也有助于降低平均出生率（而且，实际上，在生育高峰多生孩子的"贡献者"并非那些已经拥有四五个子女的家庭，而是那些从没有孩子到生育一名子女的女性）。肛交和不射精也被用来控制过多生育，但是显然这些技巧在性工作者中更为常见。

避孕套的出现可以追溯至300年前，不过第一种切实有效的避孕技术却是子宫帽，自1838年开始启用。正如我们早已听闻的那样，卡萨诺瓦（1725—1798）想出一个类似的主意，使用柠檬作为屏障，不过这种方法并没有流行起来（也许因为只有像卡萨诺瓦这样魅力四射的男性才能说服女人把半个柠檬放进自己的阴道）。

在19世纪50年代，查尔斯·古德伊尔研究出如何硫化橡胶，使生产更为舒适、价格低廉并且避孕更为有效的避孕套成为可能。价格大约为每打34美元（按照现今实际工资水平估算），频繁使用避孕套对于普通工人仍显昂贵。实际上，它们太贵了，以至于男性通常的做法是把避孕套进行清洗后反复使用。

膜片的应用始于1882年，紧随其后，宫内避孕环（IUD）自1909

为什么我们不得不等待男性来避孕？

科学家们也许会争论说，控制十亿的精子要比控制仅一枚卵子困难得多，但是为什么长期以来都是男性避孕（缩写为MBC），从经济学原因来说，可以简单概括为两个词：供应与需求。

一次意外怀孕所造成的成本，之于男性要远低于女性，即便是忽略掉生物学上的成本也是如此。不合时宜的怀孕常常导致女性错失继续深造的机会和资金，而相应在薪酬方面也会遭到惩罚般的减损。有些男性或许有过类似经验，不过意外成为父亲对一位男性事业的破坏往往要比女性成本低很多。

随着时间的推移，两件事的发生增加了此类需求，于是男性愿意付出代价，以避免意外怀孕的发生。

首先，一些男性在得知对方受孕后会选择彻底放弃组建家庭的计划，可政府方面却加大力度强制男性承担部分供养孩子的开销，于是这些男性要为这个决定度过一段相当艰难的日子。

其次，随着女性投身职场的人与日俱增，不少夫妻都想少生

DOLLARS AND SEX:
How Economics Influences
Sex and Love

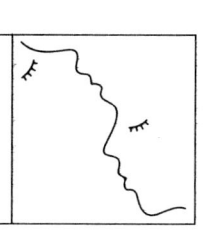

孩子。这不仅仅意味着女性花费更多的时间在工作上增加了避孕的需求，也意味着女性在把避孕的责任推给她们丈夫的谈判中有了更佳的斡旋余地。

那么男性是否真的愿意采用MBC呢？少数几个研究妄图回答这个问题，但是在要求男性回答"如果可以，你是否愿意使用MBC？"和回答"你是否愿意每三个月接受一次睾丸药物注射并为此支付300美元？"这两个问题上存在着巨大的差异。所以我才说调查机构在这个问题上已经过时了。

制药公司目前似乎在投资于MBC，想必他们是握有充分的证据显示需求空间足够。而愤世嫉俗的我则想知道，是不是这些制药公司也同时预期从他们售卖的性传播疾病（STD）药物方面得到投资回报。看，这可以说是一个成功的策略，因为MBC的应用很可能减少在发生性行为时，女性坚持使用避孕套的力度。如果情况确实如此，两方面的终端市场都可以得到丰厚利润，这是可以断定的。

年起开始应用。乳胶避孕套则在1912年开始生产，谢天谢地，这一次避孕套总算更加便宜，可以一次性使用了。

——所以，小药片的出现才是淫乱变得普遍的罪魁祸首，对吗？

看起来自从女性可以更加容易地预先控制自己免于怀孕，越来越多的女性认为从婚前性行为中的获益远超过其所付出的代价。更易操作的避孕措施，独具实用性的避孕药，可以被轻易推论为需要直接为此类行为模式的改变负责——如果不考虑一些混合因素的话：如果女性现在能够更加轻易地进行性交，就是因为这么做的风险变小了，那么为什么婚外怀孕率却在避孕措施革新的同时期增长了呢？

避孕技术的改进降低了混乱的性行为在概率意义上的"成本"。从经济学角度出发，婚前性行为的成本取决于女性怀孕和/或患病的几率乘以其怀孕和/或患病所引发的一系列成本。因此任何一个可以降低相关成本或者风险的因素都将降低婚前性行为的预期成本。

例如，想象一下1930年女性在与丈夫以外的男性反复发生性关系时，有85%的几率怀孕。再想象一下一位女性如果怀孕就会失去嫁给一位有良好收入男性的机会（因为她现在要背负有私生子的坏名声），并且作为失去这个机会的后果，她将失去未来能够获得的50000美元收入——这是如果她没有怀孕并且嫁给一位有良好收入的男性的话她能获得的金额。那么这位女性无保护措施的婚前性行为成本，以此推算，即：

怀孕概率0.85 × 放弃的婚姻收入$50000 = 预期淫乱成本$42500

现在换种假设，乳胶避孕套已被广泛应用，这位女性可以坚持让她的性伴侣在发生性关系时使用避孕套。如果使用乳胶避孕套后怀孕的几率变为45%，这实际是1934年避孕套的避孕失败概率（据科普报告），那么预期婚前性行为成本为：

0.45×$50000 =$22500

给她一个选择——使用避孕套进行性行为，便将婚前性行为的成本降低了20000美元。

任何一位经济学家都会告诉你当价格下降时，对于优质服务的数量需求将上升，这就是为什么在画曲线图时，以数量为横轴，价格为纵轴，则该曲线表现向下倾斜。因此，当避孕措施能更有效地减少怀孕和疾病后，更多的女性（当然还有男性）选择在婚前发生性行为就不令人意外了。不过，理所当然的，这些女性中的部分人仍然会怀孕，因为即使采用避孕措施，怀孕的风险并未降至零。实际上，从统计学上讲，45%发生性行为的女性仍会怀孕。

尽管避孕技术已经进步，未婚先孕的女性数量却没有下降；该数量反而上升了，这表明淫乱案例中的女性人数远多于在发生婚前性行为时能够理性选择采取有效避孕措施的女性人数。

为了理解事情经过，可以建立一个简单的模型：在社会上极力反对发生婚前性行为的人中，选一部分分成截然不同的两组。第一组避免婚前性行为是因为他们担心计划外的怀孕而非对婚前性行为的谴责。而第二组参与者则是担心因婚前性行为遭非议而非担心意外怀孕。当然，现实中每个人都会或多或少地同时担心怀孕和谴责这两个方面，但是在分组上的这项区别将更能清楚地解释参与者是如何转变的。

接下来，将有效的避孕措施介绍给这两组之前禁欲的人。婚前性行为仍是遭到谴责的，但现在有一小部分人，就是那些仅在意怀孕风险的人，开始变得更加大胆。他们形成了一个相当淫乱的小团体。随着时间的推移，其他人也开始加入这个团体。他们这样做并非因为怀孕的风险减少了，而是因为这个团体的行为已经改变了社会观念，使之变得可以被社会所接受。原先属于第一组的人加入进来是因为怀孕的风险下降了，原先第二组的人加入则是因为婚前性行为变得不再遭到过多谴责了。

所以，每个人都开始在婚姻外发生性行为，因为这变得风险更小并且更容易被社会所接受。不过当女性与男性发生性关系时，总是有可能怀孕的，而且在未婚情侣间发生的"性事"增加了，相应的非婚生子数量也就增加了。加之避孕的效力减少了婚内生育，那么未婚生育的女性形式上增多就不足为奇了——这是个数学性的必然。

以杰里米·格林伍德和纳兹·吉（NezihGuner）这一章节所做的研究作为基础，避孕药的实用性在增加婚前性行为方面仅仅是个配角。他们推测2002年有75%的未婚青少年有过性行为，而其中使用避孕药的仅占一个百分点。他们提出，我们不能因此认定避孕技术不重要，不过相比药片仅是多种有效避孕手段之一，这些避孕技术共同导致了社会上滥交行为的激增。

——你应该知道性行为的好处，但你知道它的成本吗？

在简的故事里，我们了解到两种不同的女性。第一种是那些几乎没受过教育或者希望有个光明经济前景的姑娘，她们滥交是因为其成本并不高。第二组女性是那些既受过良好的教育又经济独立的女人，她们的性生活混乱并非因其成本低廉，实际上该成本相当高昂，不过她们承担得起此项成本。

我所说的这些特定成本不包括日常穿着和独自养育孩子导致女性承受身心重负而造成的心酸眼泪；那些成本在个体与个体之间千差万别。我所讲的成本非常特定——是由部分女性和男性承担，他们没能完成学业并且/或者没有在事业上投入的那么多——像如果他们没有遭遇意外怀孕会投入时的程度。这类成本对于我们的故事非常重要，尽管在过去的五十年间性行为混乱逐渐变得司空见惯。

首要的经济因素是大学教育重要性的攀升。根据美国国务院人口普查，18至24周岁登记在册接受高等教育的比率从1973年的24%上涨到2009年的41%。上升的大部分登记数来自于大学里增加的女性；在1999至2009年间，全日制女性学生的数量增长了63%，相比之下全日制男性学生仅增长32%。如此急速攀升的女性学生数量并非因为女性在追赶男性的水平：在1988年，女性已成为接受高等教育学子的主力军。在过去四十年间，大学女生的占比从30%增加至60%，而在2010年，36%年龄在25至29岁之间的女性完成了一个学士学位，同龄男性该项比例仅为28%。

这种大学教育中的稳步增长对于那些没能跟上脚步的人来说具有重大影响。第一个影响是，当总人口中完成大学教育的比例加大，没能接受高等教育的个人就逐渐遭遇更多的排斥，而且从一定程度上饱受非议。没有高学历的烙印延续到工作岗位上，雇主们逐渐变得更期望职员拥有大学文凭，即便很多工作本身由中学水平的员工已经完全可以胜任。结果就是没有受过高等教育的劳动者被安排在低薪酬、低技术含量的工作岗位上。

低技术含量的职位具有经济学家称之为极扁平化的收入特征——低技术工人的工资基本不随着工作年限的累积增长。正因如此，低技

性交易市场的价格风险是怎样的?

在那种性行为能够明确进行买卖的市场上,经济学家观察到,当性行为传播疾病的风险偏高时,不使用安全套进行的性交易价格相当低廉。这种观察似乎违背常理,毕竟,性工作者需要因暴露在传染的高风险下而自担后果不是吗?但是存在一个简单的经济学解释来说明为什么我们观察到这种存在于性交易市场风险和价格间的特殊关系。

想象一下性交易市场的买家,他想购买不采取保护措施的性行为,有两个不同的卖家可供选择。他非常清楚第一个卖家没有性病,无保护措施地与其发生性关系不存在被传染的风险。他同时也知道第二个卖家患有性病,与其发生关系而不采取保护措施就会被传染。你认为他会为哪个卖家花更多的钱来完成一次不带避孕套的性交呢?很显然,是那个不会给他带来风险的卖家。实际上,哪个理性的人会愿意花钱因病上身呢?

这看起来似乎很奇怪,当一个买家在市场上为不采取保护措施的性交易讨价还价时,如果传

DOLLARS AND SEX:
How Economics Influences Sex and Love

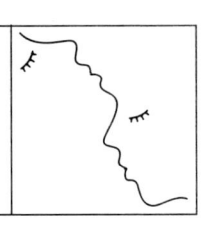

染几率高,他就能得到一个该服务的折扣价格,来抵偿他自己承担的额外风险——尽管他才是那个反对采取保护措施的人。

在供应方一边,看起来是增加的传染几率应该增加卖家的收入,以此鼓励她们提供不使用避孕套的性交易。这对于一个没有传染病的性工作者来说是事实;而现实是,她们不能因为承担该风险而得到补偿,因此宁愿仅提供使用避孕套的性服务。而对于已经感染的性工作者,她们则愿意提供不使用避孕套的性服务,且价格更低,因为对她们来说没什么成本——她们已经被感染了。

性交易市场上的买家应该记住那句老话:一分钱一分货。或者应该更加贴切地说成,你不想为安全套付钱,那你将遭遇它原本能为你避免的事情。

术工人不会因劳动力中断而受影响（比如中断工作去花时间照顾幼子），这与高技术劳动者不同。高技能工人，随着工作经验的累积其收入也水涨船高，当他们脱离工作岗位花时间照顾孩子后，其当时的收入和未来可预见的薪资都会减少。

对于劳动者的第二个影响是，处于增长的教育分级底层的人，随着时间的推移，其处境总体来看雷同于技术工人和非技术工人之间拉大的薪酬差距。公司肯花费更多的钱在受过高等教育的员工身上，来补充他们的技术才能——资金是从缺乏教育的员工的预算中抽取的。这意味着受过教育的劳动者工资增长了，同时缺乏教育的职工工资下降了。实际上，经过一些估算，自20世纪70年代中叶至90年代末期，仅有中学学历的普通劳动者，男性工资下降30%，女性工资下降16%。

考虑到受过教育已成为找到工作和挣到最低生活工资的重要条件，也许你倾向认为年轻女性和男性应该小心地避免任何阻碍他们留在学校里的事情发生——比如怀孕。如果情况确实如此，随着教育变得愈发重要，在青少年和大学生之间的婚前性行为和滥交早就该减少了。事实并非如此的原因是，有很多年轻人，不论他们如何选择，他们都不可能留在学校了。这是实情，理所当然，因为高等教育并非人人都能负担得起。

我们将在第七章讨论青少年的性行为时，回到糜烂的私生活和教育之间关系的话题。目前只要说明年轻人愿意变得性生活混乱正因其受制于大学的学费，这就够了——学费越高，年轻人越倾向于成为性行为投机者。这就部分解释了为什么较之其他发达国家，美国的青少年怀孕率如此之高——那些国家提供的高等教育价格更加的平易近人。

显而易见，学费并非一些学生不愿意继续深造的唯一合理原因。对于一些年轻人来说，他们预见不到一个光明的前景，滥交的成本就明显低得多——相比那些寄希望于得到良好教育和更高收入的学生来说。

女性过去避免性行为的原因之一，是害怕有性行为史这一事实将向有可能成为自己未来丈夫的人传递不好的信号。它表明：这个女人将来不会是个忠贞的妻子。婚前性行为日趋成为社会常态，但是对婚姻的预期在未婚男女做性行为抉择时仍然发挥着作用。

——女性（或者男性）有孩子不适合

在交友网站上花费十分钟就足以说服任何人——未婚先孕将会限制孤独的单身人士在婚姻市场上的选择。我不止一次地在在线约会概要中看到，正在寻觅爱人的人在描述中写道"'不考虑有孩子的女性'这句话哪个部分你们看不懂？"

我没有阅读很多女性的在线约会概要，所以不太清楚是否女性也像男性这样在她们的首页坦率地注明寻求无子女的对象，但是我的确知道很多女性，尤其是年轻女性，不会和有孩子的男人约会。作为一名父亲在女性眼中就表示：比起没有负担的追求者，一个有孩子的男人的财力和精力都要有限得多。

这就像一个朋友曾经对我说起过的："为什么我要和一个有孩子的男人约会？他会拿本该花在我身上的钱去给他的孩子买滑雪服。"（实话说来，我才不吃这一套。）

如果孩子只是一夜风流的意外后果，而不是什么认真关系的结

为什么"爱你身边的那个人"不能让你觉得快乐?

永恒的话题,我们先假设性行为混乱有一些好处;毕竟如果没有好处,也就没必要去冒险。那么我们该去问:是不是有更多性伴侣的人就比没有的更快乐呢?经济学家大卫·布兰弗罗和安德鲁·奥斯瓦德对此问题得出了答案。他们询问了六万美国人,他们有多快乐(按照从一到三的数值范围)。结论是滥交,一般而言,并没有使人感到更愉快。

别误会我的意思;性是令人愉悦的,人做爱越多就会越愉快。性尤其令女性快乐——实际上比其他任何活动都来得更加快乐。受教育程度更高的人比受教育程度低的人更能从性中得到快乐。年轻人并没有比年长者从性中得到更多的欢乐。作为女同性恋或者男同性恋性带来的欢愉也不会与其他人有什么差别,不过的确稍微意味着更多的性伴侣。

重点是尽管多做爱令人更愉悦,但是有更多性伴侣却不会。最快乐的人们是那些仅有一位性伴侣的人,实际上,报告显示在过去十二个月里,拥有更多性伴侣的人反而更不愉快。

DOLLARS AND SEX:
How Economics Influences Sex and Love

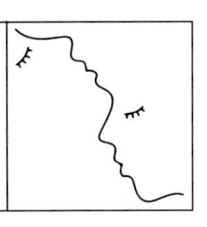

当然，我们并不能真正了解如何度量愉悦感。例如，那些婚姻不幸福的人更不忠，于是导致有更多的性伴侣。他们不需要因为滥交不开心，但他们也许会因为不开心而滥交。那些在一年内发生过一系列不忠关系的人被视为滥交，但谁能责备他们的不开心呢？

真正能够测试出拥有不止一个性伴侣是否使人快乐的，是人们所做的选择，频繁的。我们称这种证据为：显示性偏好。举例来说，选择多于一个性伴侣，表明比起他们可以做的其他选择，他们更倾向于负担这种经历的期望成本。

这并不能说明他们做这样的决定之后就不会后悔；这仅仅意味着他们有可能会面临失望的风险。

晶，也就是说这些为人父母的人其实并没有心理准备生命中会有这么一个孩子出现。而作为女性，无论是婚前还是认真的感情关系以外有了孩子，在可能成为未来丈夫的男人眼里都是淫乱的象征。而作为男性，有个自己都不想被牵扯的孩子，这在未来妻子眼中，就表示这男人即淫乱又没有担当。

人们应该因为害怕影响未来的婚姻前景而尽力避免性生活混乱。考虑到这点，对于日渐增长的滥交有一个合理的解释：人们觉得不太可能会结婚，于是婚前性行为就变得草率起来。或者至少，他们会在多年之后才可能步入婚姻殿堂，那么在自己年轻时先享受几年荒淫无度的日子也无伤大雅。

正如我在简介中提到的，当代年轻人普遍观念是，婚姻并不能保证未来生活幸福。根据皮尤研究中心研究显示，年龄在19至29岁之间未婚未育的人中，仅66%表示在他们人生中某个时刻有可能会结婚。这些年轻男女可能会在他们有生之年的某时刻结婚。近几十年间，人口中结婚者的比例一直稳定地维持在占压倒性多数的90%左右。但是在过去50年中，结婚率（在任一时点已婚的人口比例）一直呈下降趋势。

受婚姻率下降冲击最大的人群是那些低技术——当然因此也是底薪的人们。如果我们回顾我之前阐释乱交的经济成本时举的例子，并且假设我们的女主人公仅有48%的机会结婚，即使她没有意外怀孕，其真正的预期滥交的成本大概就是如下的样子：

怀孕概率0.85 * 成婚的概率0.48 * 放弃的婚姻收入$50000 = 预期滥交成本$10800

就算避孕措施的有效性没有提高，她的婚前性行为成本也下降过半，这导致她更加不会选择等到与所期待的高收入男性成婚后再开始性行为。

当然，这是个简化观点，还有很多其他我们应该考虑进去的因素，这些因素共同刺激了人们变得淫乱。比如，意识到他们在20多到30来岁才有可能结婚后，男男女女在他们遇到对的人最终步入婚姻殿堂前，就会和多个性伴侣发生婚前性行为，而不是仅仅一个。由于现代人可以离婚，缓解了我们寻觅具有忠贞属性伴侣的需求，比如处女；因为轻易便能终结的婚姻关系使人们在婚姻中不再必须保持忠诚。年轻一代可以独立地做决定，不再遭遇家长强迫他们违背自己的意愿，与发生过性行为的对象结婚。他们觉得和对方做爱会很愉快就会去做，不用顾忌对方是不是个糟糕的伴侣。

事实就是年轻一代都希望在成年后结婚前，远离父母独自生活一段时间。比如在中学毕业后如果能继续在校深造，他们就脱离了父母的监管，也有了"志同道合"的同伴，丰富而混乱的婚前性行为自然也就增加了。

这些经济因素，当然还有其他的，共同导致了更具风险的性行为趋向于社会常态。不过在两性之间的淫乱性行为日益增加的同时，另一群体却在经历着乱交现象的减少：男同性恋。

——同性相吸，一个爱情故事

随着多个国家的婚姻法革新以及对同性恋情更大的社会接受度，似乎男同志们甚少选择草率性爱，取而代之，他们会建立正式地恋爱关系。

在1996年，一项美国的民意测验显示，68%的受访者表示他们反对法律允许同性婚姻并拥有异性婚姻的同等权利。仅仅15年后，很多人已经改变了他们对于同性婚姻的态度；仅44%的受访者表示他们反对同性婚姻合法化。同样的，对于同性性取向的容忍度，普遍看来也提高了。例如，相信发生在两名同性成年人之间的性关系并不是犯错的人，其百分比自1991年的15%提高到2010年的43%。

在美国，对于同性恋情的可接受性态度的转变，并非仅仅是从个人到个人，也是从一个州到另一个州的。我们将会在第六章具体讲解一下在是否支持同性婚姻的问题上，赞成和反对的都是谁。不过目前以州为单位的，对于同性婚姻法律上和社会接受度的变化为经济学家测试下面的假设创造了可能：在那些人们更加容忍并且/或者对于同性婚姻没有限制的州，同性恋群体的成员性行为混乱的情况更少。衷心感谢我们检测这项假说的人，安德鲁·弗朗西斯和雨果·马龙，感谢他们所付出的努力。

他们测试并证实了该假设：那些在公开场合更不能容忍同性恋爱的州，存在更多男同志们私会和混乱性交的场所（公园、海滩、盥洗室以及其他公共场所被男同志们当作可选地点）。他们发现对同性恋的容忍度每增加20个百分点，平均男同性恋发生那种私会的场所就会减少四个。如果这不足以说服你相信滥交现象减少，那么相似的容忍度增加（20个百分点）也同时伴随着减少达十万人的HIV患者。他们发现颁布同性婚姻禁令会导致每十万人中HIV患病率有三到五个百分点的增加。

这一结果看起来有悖常理；毕竟我刚刚论述了婚前性行为的去污名化助长了异性恋的乱交。可是为什么同性之间的性行为的去污名化反而在其所在社区减少了乱交现象呢？究其原因，宽容度的增加不仅有益于现在已经"出柜"的男同志，也同样鼓励了那些先前害怕暴露自己性取向的男人们，可以这么说，他们终于能够"光明正大"的走在一起了。

对于那些已经过着同性恋生活的男性，宽容和理解令其有可能确立正式的恋爱关系而不用承担太多成本，或者说因不被宽容而被施加的影响（包括有些时候，因为他们的性取向而只能拿到较低的薪水）。那些面对两难抉择的男性——不是过无性生活就是要装成异性恋的人，增加的宽容度使他们可以公开同性恋的身份，而不用去面对某些痛苦的代价（包括有些时候，不能结婚和组建家庭）。

所以当施加于同性恋的耻辱柱被拿掉后，存在于同性恋群体里的滥交就减少了。因为那些过去流连于淫乱的人如今可以拥有被认可的同性恋爱关系，也因为有些本性就不喜好滥交的男性（例如居家型男人），他们愿意加入被合法化的州生活。

——本章结语

我知道这项方法论看起来太过强加于本该是随机的行为，这种事通常始于一个男人和一个女人在酒吧相遇，止于她踩着高跟鞋迎着刺眼的晨光，伴着宿醉跌跌撞撞地回家。我并不是建议每个人在发生性行为或者这种类似事情之前，都算一笔关于这种淫乱的经济账。从经济学角度上说，所有此类事件里的人行事都如同他们已经解决了一个成本效益问题——他们不会去计算淫乱的期望成本，不过，要是经济因素改变了成本，男人们和女人们就会做出不同以往的选择。

这种经济学方法不仅帮助我们理解了为什么在20世纪经历的性行为开放化进程具有其价值，也同时诠释了富人与穷人直接逐渐拉大的

滥交能否使国家富强？

不同国家种族的滥交产生了巨大差异。根据进化生物学家大卫·施密特的理论，举例来说，据他针对48个国家/地区的研究，其中最为乱交的国家芬兰，程度达到淫乱程度最低的台湾的2.5倍。作为一名经济学家，我不禁好奇，是否不同国家之间的淫乱差异会影响其所在国家的收入水平。

社会心理学家罗伊·鲍迈斯特发现，那些两性更加平等的国家也是滥交更加严重的国家，权衡依据有：更多的性伴侣，更多的一夜情，初次性行为更低龄化以及对于婚前性行为更加开放的态度。正因为性别平等与国家收入紧密相关（实际上最富有的国家都赋予了女性最大的独立性），该证据也证实了我的观点——最富有的国家其乱交程度也最高。

为什么国家的富强程度会与其乱交程度紧密相关呢？或许可以简单地解释为，淫乱放纵是一件比较奢侈的事情，更富庶的国家才会有更多的人能够负担得起。毕竟，在生存条件有限的环境下，比起花时间寻找性伴侣，你有很多其他的事情要去奔波不是么？

DOLLARS AND SEX:
How Economics Influences
Sex and Love

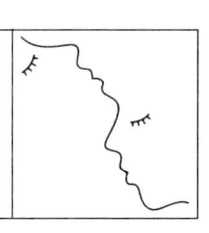

这或许不算一个合理的解释，因为所有的国家里都同时存在着穷人和富人。如果论点定位于淫乱是高收入的结果，那么我们该推测在同一国家的高收入个人，其乱交程度高于该国的低收入个人。可是事实并非如此。

在我的脑海里，这个问题的答案应该归结为是什么首先促成了一个国家的富强。其主要原因就是，这样的国家拥有法律制度和社会规范，鼓励创新活动。

比如说，一些国家的特点就是鼓励更加开放化和新创意，诚信度和对风险的接受能力都会更高。这种相似的文化特征促进了这些国家走向富强，同时也鼓励了淫乱现象。毕竟，比起与陌生人发生性关系，还有什么情况更需要信任，需要担负更大的风险呢？或许国家的高收入水平并未导致淫乱行为的更加普遍，但是比起一个自由化社会的其他特征，该特性的确同时导致了高收入水平和过度乱交。

收入差距是如何导致了穷苦女性过高的非计划怀孕率。究其原因，主要是这些女性表现得似乎已经鲜有可能找到一位可以养活妻子、支持家庭的丈夫，或者能够进入大学并拥有一份报酬客观的工作了。并且她们发现，随便的、有风险的性行为，其效益超过了预期成本。

考虑到诸如收入和教育等的经济因素也可以使我们避免陷入错误的理念——把当今淫乱现象的责任全部归咎于避孕技术的应用。从历史角度看，避孕技术也许在一定程度上刺激了社会变革，把我们从过去带入了性解放的新时代——特别是女性，但是认为现代行为完全源于节育技术的应用就是以偏概全了。尤其是现代的节育技术已然发展到相当高效接近完美的程度，而经济因素却一直在不断改变——比如政府采纳、抛弃或计划的各项举措，都直接影响收入和高等教育的变动水平。

谈到高等教育，我们要在学术领域范围内进行深入研究探讨。学生的行为，和其他人一样，深受日益增长的避孕药普及化和社会规范变革的影响。因为他们正在进行的是教育投资，必然承受了更大的压力去尽力避免意外怀孕，或者其他任何可能导致他们不能完成学业的事件。那么这会使他们减少淫乱行为吗？当然不！实际上，如果说谁最懂得淫乱放荡的享乐，那一定是大学生……或者至少他们是这样告诉我的。

第二章　在大学校园里勾搭

——我的学生认为是他们这一代创造了婚前性行为

这不是夸大其词。即使我可以说服这些学生停止争论他们算不算有婚前性行为的第一代，他们也确实是在这方面最有行动力的一代。当我向他们展示证据以证明大学学子的性行为逐渐减少——平均水平上，比起同龄但不是学生身份的人来说——他们马上开始大声抗议。他们的依据是什么呢？好吧，当然是所有人都知道的，大学学生才有更多的性生活。

有时候我甚至会怀疑我的学生们是出于什么动机来上大学的。

针对他们的误解有两种可能的解释。首先，在我的性行为与爱情课堂里的学生们不能代表当今普遍意义的大学生；他们发生性行为的频率要远远超越校园里的其他学子。也许这是事实，不过实话实说，他们已经告诉我太多信息，所以我也不确定到底是不是这种情况。其次，更具有说服力的解释是，我的班级里绝大多数学生是男性。[1]而且现在比过去更加明显，大学校园是年轻男性寻找发生性行为机会的绝佳场所。

下面我要给读者讲个故事，来阐明经济学怎样帮助我们理解性行为市场是如何在大学校园里运转的。

这是一个星期四的晚上，此刻每一个在大学校园的人都会告诉你星期四就是新的星期五（如果你问我，我想说这就是为什么大学第五学年就是新的第四学年）。一群女孩子们相约来到校外酒吧消遣，那里面整晚都充斥着喝得烂醉的大学生们。这间酒吧允许年轻的学生们堂而皇之地进出并点饮品，但是不会给他们提供酒，所以我们说到的这群女生（其中有些人未到法定许可饮酒年龄，另一些达到了法定年龄）数小时之前就开始在酒吧前廊消磨着。她们都已经喝醉并且互相依偎跳着舞，因为这间酒吧和校园里的情况类似，女性数量远远超过男性。

这群女孩子都是朋友，但是当她们周四晚上一起出来时，所寻找的目标却不尽相同。有些人想以喝醉的状态为借口来勾引任何对她们感兴趣的人。另外一部分则不去搭理那些贸然上前的登徒子，仅仅把兴致放在和朋友们一起玩乐上。余下的则享受着异性投来的目光，并非因为她们想勾引谁，而是因为她们期望得到一段超过一夜情的持续关系。

萨拉，我们这个故事里的主角，正是这最后一种女生，她在寻求一个长久的男友。这不是说她对随意的性行为不感兴趣，而是她曾经

---

[1] 仅有 42% 的加拿大大学学生为男性，但是出于某些原因，男性学生在我的性行为与爱情经济学班级居然占到 66%。

付出惨重代价学到了经验：和朋友们在这种地方喝到烂醉之后发生的事情，可能对生活造成不可逆转的后果。

这样的人生一课发生在一年前，那是她在校园里第一个学期刚开始的时候，也是在这间酒吧，她和大学里的新朋友们一起喝着酒并享受着愉快的夜晚。当她走去洗手间时，一个男人抓住了她的胳膊并把她带到酒吧后场，他夸莎拉长得漂亮，并邀请她一起喝上一杯。莎拉当时喝得太醉了，而这个男人长得又很帅，这导致她只是大笑作为回答。俩人又喝了几杯之后，他建议他们俩回莎拉的住处单独待一会，而莎拉觉得这主意不错。两个人在独处时耳鬓厮磨一番之后，莎拉发现自己正在寝室里做着她相信每个人在大学里都会做的事情——和一个陌生人发生一夜情。期间她有想起问对方是否使用了避孕套，那个男人告诉她大可放心，于是她就真的照做了。接下来莎拉出现了短暂的意识模糊，只恍惚记得隔天醒来，正瞥见那个男人在门口一边提着裤子一边往外走，并抱怨着自己把信用卡遗落在酒吧了。

第二天一早，伴随着头痛欲裂，她意识到，自己既不知道对方的姓名，也从未在大学里见过他。莎拉试着自嘲，把这整件事情当作一个插曲就此忘记，因为没能记清楚那夜激情而略感遗憾，于是她告诉她的朋友们，那个男人是个运动员而且很迷人——所以她理所当然地享受了一晚美好时光。私下里她甚至有点沾沾自喜，因为能被较年长而且更加经验丰富的男子选中，要知道当时酒吧里到处都是身材火辣的女孩子们，莎拉感觉自己能够如此迅速地融入大学生活是一件值得庆幸的事情。

在她第一次期中考试那天，莎拉醒来时感觉自己就像昨天刚刚跑完马拉松。她整个周末都在为考试做准备，所以没像她的室友那样放弃通宵突击学习的计划而美美地睡了一晚好觉。显然因为睡眠不足，莎拉仍然感觉疲惫不堪。一边从咖啡馆急匆匆出门一边喝着咖啡，莎拉坐在洒满阳光的长凳上，突然灵光一闪，她意识到自己不仅仅是疲劳，身体可能出什么问题了。距离考试尚有几个小时，于是莎拉抓起临床医学课用的婴儿床单，急匆匆地跑去找护士了。一小时后，她得知自己的麻烦大了。后来，她回想起那一刻，对那个不幸需要告诉自己怀孕这个消息的护士感到十分抱歉，因为面对这一事实谁都不会好过。

在期中考试时已经有三周身孕的莎拉不得不等待做流产手术，这意味着她完不成作业更通不过考试，接下来的四周无比艰辛。她没有拿医疗证明来解释自己这学期的糟糕表现，不是因为她拿不到病假单，而是因为她实在羞于开口说出实情，所以她的导师对她丝毫没有表示同情。别的学生期末都是在准备期末考试和结课派对，而莎拉不同，她满脑子想的是这个医疗程序，并且感觉自己把一切都毁了。

所以此时此刻，莎拉再次来到这间酒吧，还是与那群朋友一起，还是周四的晚上。她的朋友们已经开始了第二学年的课程，莎拉则好不容易得到重修第一学年的机会，这要感谢富有同情心的院长帮忙。现在的她绝不会再犯同样的错误了——她所寻找的也绝不是醉酒后的一夜疯狂。不过因为莎拉仍然有生理需要——当然是风险更低的——她真的很需要找到一个可以信任的男朋友，并且坚持使用避孕措施。

现在她所需要面对的问题是，自己所在的大学里女生的人数远远多于男生。这一事实不仅令她难以找到男人；更让找到一个愿意保持长久关系并且谨慎地发生性行为的男人变得难上加难。就算她今晚能够遇见一个男人，如果不和他在接下来的几个小时内发生性关系的话，莎拉知道这就会彻底毁了将来他愿意再与自己约会的可能性。毕竟男人对于一夜情几乎不承担任何风险，加之单身男性在莎拉所在的大学都十分抢手，愿意自担风险的姑娘是大有人在的——尤其是今晚，从她们醉眼朦胧还强打精神四处寻觅的眼神中就不难看出来。

如果莎拉在性行为与爱情经济学课堂上有认真地听讲的话，那么她就应该知道，女性过剩的大学性行为市场会直接导致性行为的代价降低，交易市场基本上就是买方市场。她也应该知道酩酊大醉和学生滥交是直接导致怀孕的罪魁祸首。不过这最后一点，我猜想她是不需要我告诉她的。

—— 一个为淫乱的男学生成就的买方市场

我的学生们笃信的另一个错误认知是：男性比女性更热衷于做爱。我从未试图说服你去相信这一论点，大抵是因为我自己也难以确信。所以我如何能够描述随意性行为市场是因为充满欲望的男性买方导致其价格下跌呢？这不是因为男性渴望做爱而女性需要物质上的鼓励去和男人们做爱，毕竟，女性是卖方；这是因为男性对于多个性伴侣的偏好要远超女性，女性更加偏向于不仅仅是一夜情的性关系。由于这种差异，相关"价格"被拉低到这样的水平：女性要求需要与之发生性关系的男性将来对自己好——不管这对一个单身女性意味着什么。

如果你质疑男性是否对于有多个性伴侣有更大的欲望，我建议你可以尝试如下调查。去问问你的朋友、同事们和在街上随机遇到的行人：如果可以的话，在未来两年里你希望有多少个性伴侣？我可以告诉你，男性回答的预期性伴侣人数会远远高于女性。在过去进行此项研究调查时，平均起来女性回答说她们只想要一个性伴侣，而男性的回答是他们想要八个性伴侣。当被问及他们是否愿意同时拥有多个性伴侣时，在全国范围内42%的男性受访者表示他们愿意，相比之下女性受访者该项人数仅占8%。

从统计学角度上看，女性显然不愿意与多个同性分享男人的爱。这一话题我们将在第八章进行阐述，届时我们会一并探讨婚姻不忠的问题。

你也可以改问另一个问题：你认为从了解一个人到和他/她发生性关系所需要的最短时间是多久？我猜不会有女性回答说五分钟，但是当这些问题在过去的调查中被问及时，很多男性都毫不迟疑地给出这个答案。而另一方面，女性惯常的答案则是，对一名男性的了解，理想时间需要六个月。在我刚刚提到的同一个全国性问卷调查中，31%的男性回答期待与陌生人发生一次浪漫的性行为，而女性则只有8%的受访者给出同样的答案。[1]

大学校园里远超过男生的女生人数，不只是单纯地从数字角度上使女生难以找到伴侣（男生数量更少意味着分摊到每个单身女生，其所能找到合适的单身男生的可能性更低）；而且从本质上改变了男女关系，男性因此获得了更佳的性行为市场上的主动权。

根据对多个不同大学的众多大学生统计得到的数据，社会学家马克·斯蒂恩和杰里米·优客得出结论。如果大学里的女生对男生比率高（女生数量远超过男生），那么女生会对约会和基于性行为的关系抱有更加消极的态度，该情况比起那些女生对男生比率较低的学校普遍。

---

[1] 唐纳德·考克斯的表格数据。

相比那些女生数量超过男生的大学校园，男生数量超过女生人数的学校使得作者得到一个结论。他们发现：大学女性比例为47%的学校里，那些在大学期间从未交过男朋友的女性中有69%的可能是处女；相比之下，大学女性比例为60%的学校，处女比例仅为54%。当学校中可以交往的男生数量越少时，那些从没能有过一段认真感情关系的女生更有可能有过一次以上的性经验，这是相对学校里男生比例高的女生而言。

有过性行为经历的女生和没有过的女生，是否在大学期间有过男朋友，报告显示存在着不小的差距。那些男生较多的大学里，女生有45%的可能性是处女；而那些女生较多的大学里，女生是处女的可能性为30%。

即使当下有男朋友的女生，当学校里的女生比男生少时，也更倾向于推迟发生性行为；在女生多于男生的大学里，她们有17%的概率是处女；而在男生多于女生的大学里，这类女生是处女的概率为30%。

这项证据证明了当男生比女生少时，单身女生就失去了一部分谈判的资本，而不像情侣那样，可以一起讨论如何尝试两人的初夜。

由此观之，你就不会再惊讶于听到如下事实：在女生人数超过男生的大学校园里混乱的性行为变得更加普遍。比如，那些曾经有过男朋友的女生现在却是单身状态，在高性别差的大学里，她们有27%的可能在近一个月内有过性行为；而低性别差的大学里，该概率为20%；在男生资源相对稀缺的大学里，相对那些男生资源丰富的学校来说，单身女生性行为更为频繁。

当适合的男生更少时，传统意义的约会也就更稀少。这在情理之

与陌生人发生的随机性行为

男性的原始欲望就是拥有多个性伴侣，他们对于和陌生人发生性关系简直乐此不疲，这是全球整个性交易市场的助燃剂。但是在早期之所以形成性交易市场的原因，一言以蔽之：女性与陌生人发生性关系是可以得到报酬的。而男性则不会因为要与陌生人发生性关系而得到报酬，而且就算他们这么要求，大部分女性也不会乐意为他们的服务买单。

这就是现实性交易市场上为什么女性买家基本不存在的原因。

据我所知最好的研究是一项关于愿意与陌生人发生性关系的男性和女性的匿名问卷调查，该调查第一次于20世纪70年代末期，第二次于20世纪80年代早期在大学校园中进行。这些证据也许看起来已经过时，但实际上选择那个年代是相当完美的；那时的性解放运动正达到高潮，而爱侣们还沉浸在性爱的快乐中，对即将面临的一种新型疾病毫无察觉——艾滋病（AIDS）——这种病彻底改变了我们认知的随机性行为。

在这个课题研究中，有几分魅力的男性/女性在大学校园里走上前来，对一位女士/男士说，"我在学校里注意你一段时间了，我觉得你非常吸引人。你是否愿

DOLLARS AND SEX:
How Economics Influences
Sex and Love

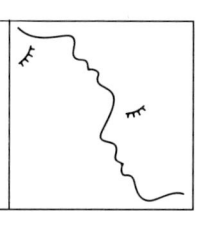

意……"接下来会对不明真相的被访者三选一地提问:"今晚与我共进晚餐?";"今晚来我的住处?";或者"今晚与我共度良宵?"不论目标是男性还是女性,面对有魅力的邀请者,超过50%会答应去吃饭(56%的女性和50%的男性)。有趣的是,越是帅气的男性发出这样的邀请,表示接受的女性就越少。值得一提的是,男性被访者中,比起50%的人愿意和对方共进晚餐,愿意与陌生的邀请者"直奔主题"的男性数量要高出50%。而且即使是那些当时说"不"的男人(仅有25%的案例)也表示对自己的

这个决定反悔了。

没有任何一个女性受访者同意与英俊的陌生邀请者直接"共度良宵",一个都没有。

这并不表示真的没有女性喜欢与陌生人发生性关系——如同不是所有的男性都会这么做一样——但是其数量的确不足以促成为女性服务的妓院,比如某种以盈利为目的的商业实体。毕竟,如果女性对于免费上门的性行为尚且抱持拒绝的态度,谁会想还要为此去付钱呢?

中，显而易见，因为随着可以约会的男生减少，传统意义约会的可能性就会成比例地急剧减少。事实上，女性学生的比例每下降一个百分点，女性能够有六次以上传统约会的比例就会上升3.3%，这确实匪夷所思。

这种现象支撑了一个论点——女人越多那么传统约会就越少，而更为常见的是"勾搭"。不仅如此，同作者新近出版的书中报告显示，他们采访的一部分女性表示，她们参与的性行为里，有的她们并不喜欢或者发生的性行为次数要远超过其内心选择。这在我看来是说，大学里的女性对于和她的性伴侣在商讨时机和自然而然的性行为时失去了主动权，这归咎于男生数量少时，她需要面对大量女生的竞争。

——纵情酒色

莎拉的行为和她那晚在酒吧的朋友们的行为不仅仅是关于男女之间对于性关系的博弈。大学校园里随处可见的淫乱行为一部分是伴随着酗酒发生的。这个经验性问题我们要如何去回答？这里要感谢经济学家杰弗里·德西蒙刚刚发表的研究成果。根据来自于136个美国高等教育机构的数据，德西蒙发现酗酒是导致大学校园内高风险性行为的主要原因。

根据他的研究，在调查前的一个月内，46%的学生称他们至少有一次酗酒的经历，而60%的答称他们在之前的三个月内有过性行为，另有12%的表示他们有多个性伴侣。大多数学生承认发生性行为时并没有采取保护措施；仅一个月内有过性行为的人数中65%称自己没有使用避孕套。此外，为了防止万一你觉得我讲述的莎拉的故事是夸大其词，10%的报告显示他们有过未婚先孕或者导致对方怀孕至少一次。

作为一名学生,发生怎样的性行为的主要决定因素是什么?酒精消费。(超过)半数的学生在酗酒后,比起未酗酒的那部分来说,更加易于发生有风险的性行为。举例来说,相对于没有喝得烂醉的学生们,醉酒后有25%的人更可能发生性行为,20%更可能不使用安全套,94%更可能和多名伴侣发生性行为(这里不是说同时发生,如果你是在想这个问题的话)。

酗酒增加了学生的滥交,正如我们所见,但是什么原因导致了酗酒的增加呢?莎拉和他们的朋友们在去酒吧之前已经在家里喝得酩酊大醉了,这是因为法定成年年龄的相关规定禁止很多大学生在酒吧喝酒,变相地鼓励了他们在家里大喝特喝,然后再晚上跑到外面鬼混。实际上,在2008年6月,135名大学校长和主席联名签署了请愿书,向政府要求降低最低饮酒年龄限制,因为他们相信21岁的法定最低年龄导致未达到年龄的学生偷偷酗酒躲避处罚,从而发生更多危险的行为。

还有另一个经济学因素导致了过度饮酒:酒精的价格。酒精的价格不仅仅影响到人们如何消费,也同时影响了他们在该因素下的行为。

——一元酒水与高风险性行为

在2007年12月,哈利法克斯所在的城市,新斯科特,认为已经受够了学生们的胡闹,开始推行全城范围的酒水最低限价,这一举措终结了酒吧盛行的一元酒水之夜。此项法令旨在减少酒吧打烊之后学生们涌向街头时的狂欢和打架。但是经济学家研究后指出,提高酒水的价格也能同时减少有风险的性行为。我就在想,这是否能够真减少大

用性行为作为支持你完成学业的方法

很多年以前,当我还是一名本科生时,我和我的朋友们频繁地光顾一家当地酒吧,因为那里售卖价格低廉的长岛冰茶。那里还常常有脱衣舞女郎,不过我们没有过多注意这个。(我们去那里纯粹是为了便宜的饮料。)这段经历终结于一个下午:我们这群人里的一个家伙一脸震惊地看见一个姑娘走上台阶,他灰溜溜地缩进椅子里低声说道:"那是我的实验室搭档!"

靠性交易来支持自己完成学业可能比你想象的要普遍得多;卖淫、跳脱衣舞、做皮条客、在陪护中心接听电话,为性工作者当司机/保镖,这些仅仅是学生们为了能够顺利完成大学学业所做的一部分工作。

利兹大学的研究人员确认了这一观点。他们花费一年时间走访了300个英国的大腿舞者,发现四个人之中就有一个修完了大学学士学位,三个中就有一个在参加某种形式的教育(包括6%的人通过跳大腿舞完成她们的研究生学位)。不仅如此,柏林研究中心对3200名学生的调查访问报

DOLLARS AND SEX:
How Economics Influences Sex and Love

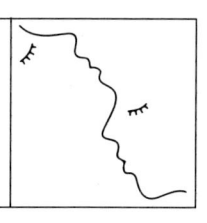

告显示，4%的学生通过性交易支付他们的教育费用。更有甚者，33%的柏林学生，29%的巴黎学子和18.5%的基辅学生考虑过通过性交易支付学费。

美国的一些网站正是迎合了男性和女性双方面的需要，男人寻找成为"甜爹"的机会，给学生提供特殊的程序，包括升级的账户——如果使用一个学生电子邮件账户作为他们之间的合同来提供未来的"陪伴"的话。仅纽约市一地就显示在其八万名陪护者中有35%是大学学生，他们通过这份工作来支付自己完成学业的费用。

如果滥交的风险会对一个学生的整体收入和婚姻前途产生严重的影响，参与到性交易之中，从某种意义上来说，是整整增加了一个维度的风险。这也就解释了为什么性交易的价格要远高于其他非技术性的工作——正是这种高薪才让学生们考虑铤而走险。

学生参与者的风险性行为呢？

为了通过提高酒水价格达到减少风险性行为的目的，就需要满足如下几点：

1.有些人在酗酒后会发生更具有危险性的性行为。

2.提高酒水价格可以导致部分人减少酗酒。

3.上述因酒水价格上涨减少喝酒的人正是因醉酒发生危险性性关系的那部分人。

第一点我们已经阐述清楚了：就学生群体而言，酗酒不仅增加了滥交行为，而且加剧了发生性行为时不使用安全套和计划外怀孕的情况。（顺便一提，我并没有忘记性疾病的问题；我们很快就会说到这个方面。）

第二点则需要经济学的理论解释。如果人们因为酒精价格上涨而减少相应的消费，那么经济学家可以称酒精需求为价格弹性需求——尽管不是每个人对酒精的需求都是与价格紧密相关的。举例来说，那些拥有高收入的人是不会仅仅因为他们习惯的酒水价格上调而改变其消费习惯。该弹性不仅仅取决于收入水平，也取决于酒吧对饮酒者提供的可供选择的酒水饮品种类，针对这种情况，就有了完美的替代办法——去商店买一些更加廉价的酒，在家喝到酩酊大醉之后，晚上再跑到街头闲晃。

如果学生们有足够的收入可以使他们不必在意酒吧酒水的价格，或者他们干脆买了廉价的酒窝在家里喝上一通，酒吧酒水提高限价就不能减少醉酒的相关问题，那么也就没有理由去期待该项增幅可以减少寻衅滋事或者风险性关系的发生。

最后一点是，因限价令减少了酗酒方面消费的人群必须是参与有风险性行为的那一部分人。正如我已经提到过的,我的学生们确信他们是比其他人更热衷于享受性爱的群体。不管这是不是事实,学生们,尤其是在那些女性比例远高于男性的大学校园,的确是在性爱方面乐此不疲。

所以真正的问题是:学生会不会在酒水价格上涨后减少酗酒,当他们的酒精消费改变后对其性行为会产生怎样的影响?

最近加拿大的经济学家阿尼亚·森和梅·隆通过测试一些问题得出了答案,这些问题用于确认啤酒价格与性传播疾病比率之间是否存在相关关系。他们发现啤酒价格每增长一个百分点,淋病和衣原体的发病率会相应地下降百分之0.8。所以看来在加拿大,更高的啤酒价格确实使有风险的性行为减少了。

第二项研究来自于哈雷尔·切森,保罗·哈里森和威廉·卡斯勒,他们通过美国的数据同样找到了显著的证据,证实人们会因为酒精价格的增加而减少他们的酒精消费和有风险的性行为。归结于州与州之间不同的酒精税率,他们发现酒精饮料税每增加一美元,淋病发病率就相应降低两个百分点;每半打啤酒多征税0.2美元则淋病发病率会下降9%,衣原体发病率下降33%。

结合以上结果,笔者计算后表示:在美国每半打啤酒多征收仅0.2美元啤酒税就可以减少新的艾滋病病例3400例,减少盆腔炎相关疾病8900例,以及宫颈癌新病例700例。

最后是第三项研究,来自于毕莎卡·森,该研究发现增长的啤酒税并不影响未成年妈妈的生产率,但是啤酒税每增长一倍可使青少年流产率减低7到10个百分点——暗示着一个小幅度但仍然意义重大的意外怀孕数量。

性感火辣的教授就是教室里行走的荷尔蒙

男性和女性教授大都不会感到惊讶，大概是因为他们也都曾经经历过学生时代，当学生们看上去正专注于自己授课的内容时，其实也同时在暗自评判着他们的教授够不够火辣性感。实际上，真的有一个很受欢迎的在线教授评论网站，让学生们可以给教授的火辣程度打分，同时还会评价其公平程度和教学能力。

通过这个网站的数据，加拿大的经济学家阿尼亚·森和弗朗西斯·沃利发现男性教授如果很性感可以获得经济上的回报，而女性教授则不然。

沃利和森参考了在安大略省的经济学教授的教学能力和受欢迎等级，发现那些在评价我的教授网站上被标示为"火辣性感"的男性教授，其报酬要远高于未能享有此评价的人。有趣的是，这个受欢迎的附加值仅在男性教授的事业中期之后出现一次；因为受欢迎带来的额外奖励薪资不会发生在年轻的男性教授身上。这表示这种"漂亮"的附加值并非我们传统认知中对火辣性感的定义，而更应该称其为拥有自信、魅力和创造力的综合素质。

就女性教授而言，不论她们

DOLLARS AND SEX:
How Economics Influences
Sex and Love

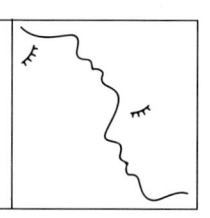

正处于其事业的哪个阶段,其薪酬的多少都不会被自身的吸引力左右——显然学生们不会评价50多岁的女教授为"火辣性感",只是因为她具有的这种坚定而自信的个性。

当物理特征不再起作用和散发性征时,学术水平便成为专业关键,尤其就女性来说,这实际对其事业起着决定性作用。女性教授通常不得不千方百计地达到仪表出众同时又不会显得过分修饰外貌两者之间的平衡。

社会心理学家斯蒂芬·杰森,肯尼斯·帕德拉,罗伯特·狄博业和艾利·吉本斯通过研究得出一项结论。他们发现具有魅力的女性会被认为不适合从事那些偏男性化的和外貌无关紧要的职业。研究发现男性不会面临类似的负面影响,有魅力的男性往往被认为更加适合各项工作,甚至包括公认的女性化的职业。

如果学生评价一位更具魅力的女教师为比较不适合当教授的话,那么女性被划归"惹火"会比担心学生发白日梦还要更加困扰。因为学生的评价在其任教大学里往往直接关系到晋升,她们会为此担心自己的工作问题。

不过，在探讨大学生这一特殊群体时，我们有理由去质疑增长的酒水价格是否能够对学生的性行为产生类同于普通大众那样的戏剧化改变。原因要回溯到我之前谈到的收入与价格弹性：当价格每增加一个百分点，对于酒水需求改变的百分比。

学生们也许没有高收入，但是他们的消费习惯却趋向于比自身实际收入要高的消费群体。这种高消费习惯的原因是，比起当下，大学生们预期自己会在未来挣到更多的钱；结果就是他们比起相同收入水平的其他人消费更高。他们现在实际上是吃掉（某些时候是喝掉）部分未来的收入。这不由得让我想到，当酒水价格上涨时，学生们不会像其他相同收入水平的人群那样减少酒精类消费。

如果学生不减少他们的酒吧消费，或者如果他们在出去闲晃之前就在家喝个烂醉，那么更高的酒水价格就不太可能影响他们的性行为。

去年我在这里的其中一栋楼里授课，曾经看到一张海报，内容是招聘学生参与校内心理学研究。这张海报的大标题是一个问题："你为什么喝酒？"在这个标题的下方，大概是学生而非教职工的某个人——写道："这样我就可以和人上床了。"

这个故事昭示了第三种可能性：与其在清醒的时候做糟糕的选择，不如先喝个烂醉再做；所以学生们大多是主动去喝醉并借此来做糟糕选择。如果这是事实，那么问题就不是饮酒需求弹性，而是由于酒水价格增长而造成的性行为需求弹性。给出人们愿意在市场上为性行为支付多少钱（比方说那些可以公开进行性交易的市场），对于那些有此意愿并且能够负担这种事的人来说，需要花点钱买酒是不太可能有效地减少随机性爱几率的。

——以性行为作为对价支付"野格炸弹"

我很喜欢和我的学生们玩一个游戏：我给他们出一个情境描述两个人发生性行为关系，而学生们来告诉我这两个人的行为是否涉嫌卖淫。我会从显而易见的行为开头：一方付给另一方钱来购买性行为。当然，学生们会认为这就是卖淫。之后我会转而描述比较微妙的情况：一个女人与她的房东发生性关系，以此代替房租。大部分的学生，男性和女性都是，觉得这也是卖淫。一个女人与一个男人发生关系，以此作为男人带她去纽约度周末的代价。认为这是卖淫的学生就减少了，而且男生和女生之间也出现了分歧。这个游戏往往结束于：一个男人支付了一个女人在酒吧里整晚的开销，然后她和他发生性关系，因为她觉得自己有义务这么做。

好吧，在这种情景下我的班级会变得一片哗然。女性学生们情绪激动地说着"不！"当我问她们为什么时，她们告诉我说这名女性并非合同义务性地去发生性行为，如果她愿意，大可以一走了之。我提醒她们道，在每一种情境下的女性都可以选择离开，但是这丝毫不能撼动她们对于这种行为完全不属于卖淫的信念。

不过让我觉得最有意思的是我的男性学生们的反应。他们在回答此问题之前，大多数都表现得难以抉择；取而代之的，他们大抵上会问这样一个问题：这一晚的开销需要多少钱？

在最近一次由心理学家苏珊·巴索和亚历山德拉·米尼耶指导的实验研究中，结果与我在课堂上进行的简易练习结论一致：在一次约会后是否有义务要发生性关系这一问题上，女性学生比男性学生更倾向于认为没有这个义务。如果你问我的看法，我觉得这项研究最有趣

在两性刺激中的男性迫不及待地想要消费

一些市场学教授进行的研究显示，在受到衣着暴露的女性图片刺激后——这类图片如今每天充斥在我们身边——男性不仅急不可耐地需要消费，而且更愿意接受不公平的交易。

研究员布拉姆·范·丹·伯格、齐格弗里德·威特和卢克·瓦罗德进行了这样一项研究，他们询问受访者，让其在今天收到15欧元或者一周之后收到另一金额之间进行抉择。对于未来所能收到金额的选择可以使研究者用来衡量受访者想要进行消费的迫切程度。比如说，部分特别迫切的人会要求在一周后拿到远远超过15欧元的数目——也许是30欧元。另外一部分人则更加有耐性，他们会要求很少的额外金额来奖励其付出的等待——也许很接近于0。

学生总体来说更加迫不及待地去消费，因为他们预期未来可以得到更高的收入，因此他们甚少考虑在当下节省。这一事实诠释了为什么学生不太会对增加的酒精限价做出反应，这个现象与类似收入水平的其他人群背道而驰。

DOLLARS AND SEX:
How Economics Influences Sex and Love

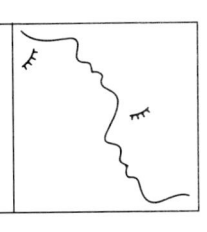

该项研究中的男性参与者，在暴露于不同类型的视觉刺激后，被问及需要额外支付多少钱来鼓励他们延期一个月去消费。笔者发现这些男人暴露在女性胴体的图片前造成的刺激（泳装照和内衣照）使他们格外饥渴地要去消费，这是相对于其他视觉吸引力刺激——非色情图片，比如风景照——来说。换句话讲，当男性被性唤起时会更加趋向于冲动的消费行为。

相同作者组合的第二项研究——通过一项实验来测试：哪些男性会选择接受或者拒绝一笔多支付10美元的交易，那些面对色情图片的男性更乐于接受这种不公平的交易。这对于具有较高睾丸素的男性来说尤为明显。该结果证实了，比起没有被性唤起的男性来说，被性唤起的男性更少地去考虑他们所支付的价格是否与交易相称。

这就是男人，真的能在酒吧酒价上涨时少喝几杯吗？如果酒吧里美女如云，男人们很可能没心思去考虑酒水到底值多少钱。

的结果是，虽然女性受试者认为一顿昂贵大餐不足以使自己必须与对方发生关系，她们却认为随着约会价格的提高，男方确实可以更有资格得到"补偿"。如果这是事实，也就解释了为什么我的男学生们想知道男人需要在酒水上花费多少钱，才能下结论说女人是否有义务与其发生性关系。

在这项实验里，大学学生被要求阅读如下梗概：一个男人（约翰）和一个女人（凯特）出去约会。在这个故事里，这个男人在当晚约会后随同女人回到她的公寓，并且与其发生了性关系，尽管女方事先已经明确地表示拒绝男方的性要求。

在读过这个故事之后，参与的学生被要求填写一个问卷表格，包括"凯特应该预期到约翰会坚持性交"和"约翰预期凯特渴望性交"。列表中问题的答案被划分为从1到6的六档，这里的1档表示强烈不同意而6档表示强烈同意。

为了回答约会的价格是否关系到凯特应该感到有责任与约翰发生性关系，以及是否约翰预期从凯特处得到性满足是正确的，学生们被划分为四组。这其中的两组被说明为，这场约会价格不菲，不是约翰支付就是凯特和约翰平分的账单。而另外两组则是，约会很便宜，依然是约翰支付或者两人平分。

当被问及如果约翰支付了昂贵的约会费用，那么凯特是否应该预期和约翰发生性关系时，男性参与者的平均回答数据是3.21（此处的6为强烈同意），而女性参与者就同一问题回答的平均数值是1.85。毫无悬念的，男性比女性感觉更为强烈地认同，在约翰支付了昂贵的约会后，凯特应该预期约翰想要与其发生性关系。

不过对于约翰是否应该认为有资格要求发生性行为的问题，男性和女性学生的答案相近：男性参与者为2.93，女性参与者为2.15。当约翰支付了昂贵的约会，研究中的男性参与者都明确认为当约会结束后，凯特应该感到她应该与约翰发生性关系。研究中的男性和女性受试者，在不同程度上，都认为这名男性有权利如此认为。

当我们考虑到这些结果是随着约会价格变动而变动，尤其是当约会价格低廉，而且约翰和凯特平分了账单时，该项研究的经济学含义变得非常有趣。当被问及在二人平分了便宜的账单后，是否凯特应该预期与约翰发生性关系时，男性参与者的平均回答数据为2.27（比昂贵约会的数据3.21有所降低）；女学生们的回答是1.37（比昂贵约会的数据1.85有所降低）。

对于约翰是否应该觉得自己有资格发生性行为这个问题，其结果显示的数据是，如果费用低而且账单是分摊的，男性参与者数值为2.20（自2.93下降）；女性参与者数值为1.53（自2.15下降）。

该证据告诉我们一个事实——虽然女性学生在平均水平上不认为凯特有义务与约翰发生性关系，或者约翰有如此预期是对的，其实她们也会大致考虑凯特的责任和约翰的预期都与约翰在约会上花掉多少钱直接相关。因此，男性和女性学生在对性行为的预期上的差别不是男方是否在为约会付账后就有资格进行性行为；这个分歧实际上是男方究竟需要花费多少钱才能获得这个资格。

这就把我们带回到起点。

当谈到大学校园是一个男性的买方市场时，就意味着在大学这个性行为市场中供大于求。如果情况属实，那么性行为的价格就会降低。正如我之前提到的，"价格"这个词的使用并非指男性因需要女性与其发生性关系而直接支付对价；此处可以简单地诠释为男性不再

在亢奋激动的那一刻，坏主意看起来更像是好主意

在大部分实验中，参与者都是在实验室里被提问并做的决定。对于同样的问题，我们不清楚人们在这种环境下做出的抉择是否与他们在被性唤起时所做出的大相径庭。经济学家丹·艾勒里和乔治·勒文施泰因，据我所知，是仅有的我所在领域进行相关测试的学者。他们要求参与者（全部为男性学生）在做回答的同时自慰。正如听起来的一样奇怪，他们发现学生们在被高度性唤起时做出的选择与未被性唤起时做的选择迥然不同。

举例来说，他们询问参与者是否会以一次昂贵的晚餐作为约会以鼓励女方和自己发生性关系。仅过半数的未进行手淫（未被性唤起）的参与者回答说他们会埋单，与此对应，70%的性唤起参与者会同意付账。当被问及是否会告诉他们的约会对象自己爱着对方，以便俘获对方芳心来和自己发生性关系时，回答是的比例从未被性唤起时的30%上升到被性唤起后的50%。63%的自慰中的参与者表示会鼓励其约会对象饮酒，以企增加与之发生性关系的

DOLLARS AND SEX:
How Economics Influences Sex and Love

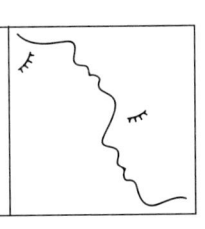

概率,同问题下未被性唤起的参与者仅有46%作此回答。26%的被性唤起参与者表示他们想给对方下药,而45%的同状态参与者表示即使他们的约会对象拒绝,他们也会坚持与其发生性关系。最后,这当然也是意料之中的,自慰中的参与者比起未被性唤起的参与者,更加不会倾向于使用保护措施以避免怀孕或者疾病。

事实证明当人们处于性唤起状态时,会做出不同的决定,这在某种程度上也解释了为什么学生们(也包括其他人群)做出那种即便是自己,在未被性唤起的阶段也会认为是错误的决定。经济学取决于每个独立个人对成本与利益比所做出的合理化决策。在亢奋激动的那一刻,相应成本下降(因为它们发生在未来),同时收益升高(因为它们变为既得利益)。

正如我已经说过的,我们理所当然地无法排除事后后悔的可能性。

需要为这段关系投入什么才能够上床。我也说过，在那些男生多于女生的大学里，女性学生会有更多的传统意义上的约会，这是相对女生多于男生的学校情况来说的。如果一次约会对于男方在时间和金钱两方面上均价格不菲，那么在买方市场下，传统约会变少也就不足为奇了。完全有可能是男性和女性双方面在这样的市场上降低了预期——男人应该支付多少钱才足够迫使女人与其发生性关系。

另外一点也许同样属实，即提高学生酒吧内的酒水价格实际上会助长淫乱行为，如果这意味着女性在男性为其买酒，并且是昂贵的酒后，就会感到强烈的义务要和对方发生性关系的话。

在这一章的开头我提到过，自己曾花费了很大力气，只为说服学生们相信，比起那些与他们同龄但并没有上大学的人群，大学生在平均水平上性行为更加不频繁。虽然众所周知的是大学校园里有多么的淫乱不堪，但是这个看似匪夷所思的结论却是真真切切的实情。

要解释这个其实很简单：那些多次尝试一夜情的人发生性行为的频率平均来说是低于那些有固定恋爱关系的人群的。我曾提到过德西蒙研究中的早期发现：那些在过去三个月中与多于一人发生过性关系的学生，其性行为较为不频繁，而那些仅有一名固定伴侣的学生发生性行为的频率则相反。实际上，在近一个月内发生了超过二十次性行为的学生中，更多的是那些仅拥有一名性伴侣的人，而不是拥有多名性伴侣的学生。

如果大学中女生数量远超男生，并且性交易市场本质上是封闭的（学生们仅仅和学生发生性关系，非学生只与非学生发生性关系），那么年龄在19至25年龄段的总人口中，非学生群体内的男性一定是多于女性的。我们已经证明过当男性数量超过女性时传统约会就会增多，这就解释了为什么非学生人群比起大学里市场的运行来说会发生更频繁的性行为；极有可能是因为他们比学校内的同龄人群拥有更加稳固的情侣关系。

——本章结语

可怜的莎拉！非常遗憾的是她在遭遇这个灾难前，没有事先看到这些。不然她也许会明白，当她在开放市场中自由地做出性行为选择时，她也服从于那些超出她控制范围的市场压力。对于学生、家长、大学和政府机构来说，如果想要围绕大学校园内的淫乱行为做出知情决策的话，这倒是个有利信息。

比方说，若有些家长担心淫乱会迫使他们的孩子在整个大学生涯中付出沉重代价，那么最好是建议他们选择男生人数远超女生的大学。这个论点在那些准大学生的父母眼中看起来很可能是违背常理的，但是从经济大环境角度来看，这的确可以有效地避免将你的女儿放在这样一个境地：女生多的大学是一个不得不去与众多女性进行竞争才能得到校内约会的市场。

此外，大学也在忧虑学生淫乱会造成相关机构的高昂成本——比如说，这种现象导致了学生之间摩擦冲突的高发率——学校方面就需要考虑是否应该对申请入学的女生（译者注：此处当是笔误，据上下文判断应该是"男生"）进行优先录取。如果他们真这样做了，那么消除掉这个不均衡因素应该可以提高大学校园内发生性行为的"价格"（基于测量投资在稳固性关系方面的需要），这是通过消除男性成员的稀缺度实现的。淫乱行为的价格升高可以降低校园内随机性行为的普遍水平。

于是经济学方法再一次提出了违背直觉的建议：为了在大学校园内降低随机性性行为的发生率和提高传统约会的比例，从经济学角度给出的建议是大学应该鼓励更多的天生乐于享受放荡生活的人申请入学，那就是男性。

我的最后一个例子是，对于某些想做出知情决策的人来说，这种信息是多么有用的。他们会认识到大学校园并非完全自由的性交易市场，从某种意义上说它也受制于国家政策这一外力影响。政府有能力通过法律来控制酒精的分配和税额，从而影响大学性交易市场。也许你会认定做爱这种自然天性跟国家统治是毫无瓜葛的。然而，如果特殊的酒精法令（像法定饮酒年龄限制为21岁以上）导致了纵酒狂欢，而且相应的，大学校园的淫乱程度也将激增，那么从市场角度来看，改革这些法律并不是在对个人的性行为活动进行干预，恰恰相反，这是在剔除掉现存市场上已经存在的，导致偏离自由市场平衡的因素。

于是，借助经济学家使用的统计学工具又得出一个违背我们直觉的结论——禁酒令鼓励了纵酒狂欢，应该被废止——如果当局认为淫乱行为在学生中和社会上都代价高昂的话。

最后，几乎每个人都认为是时候去寻求长久稳定的感情关系了（而且这样能带来更加频繁的性爱！）。为此很多人会考虑借助因特网寻找自己的伴侣。在这一点上我很感谢他们。在线约会为经济学家们提供了海量的虚拟化数据储备，这些数据已经充分显示了广大男性内心中最真实的欲望。我得承认这多少有点窥探他人隐私的意味，但是你也许会在下一章中或多或少地觅得自己的踪影——以经济学的角度看待网络时代的爱情。

第三章　网络空间中的爱情

——在线约会和买糖吃之间有着怎样的不同

如果我告诉你，我已经单身很久以至于开始倍感尴尬窘迫的话，那我就是在撒谎——开始觉得尴尬是很早以前的事情了，现在不过是单纯的难为情而已。这类信息似乎是在初次约会时最羞于提及的，类似于饮食失调或者你实际上是个老烟枪。但是就像面试一样，未来的伴侣希望知道你会把什么样的经历带到这个"位置"上来。尽管不会有人在寻觅新伴侣时希望对方在最近半年有过一连串的情人，但是你不得不承认，在（非常）长时间内没有约会过令我看起来像是窝在整堆柠檬里的汽车那样尴尬至极。

就我个人而言，我需要为在没有伴侣的空窗期拖拖拉拉想出一个好借口。我的朋友们告诉我说，由于我的理由（"我实在是太忙了"）实在缺乏说服力，这就需要我想出更有创意的理由，以便让买家觉得信服，比如"我就是很享受单身生活！"

当然，我也可以直接告诉他们事实：我的传统思维观念导致我不太适应在线寻找爱情，虽然这几乎是每个我这样年纪的人都会做的事情，我的运气不是太好。

这并不是说我批判在线上寻觅爱情的人；确实没有偏见，而且我也清楚很多人都在线上寻找爱情。我的问题是：当一个传统型的决策者作抉择却需要面对大量的选项时，我们更希望简单些。如何做到呢？他们使用排除法。

让我用类比法来阐述为什么对我来说，这的确是个问题。

寻找一名在线约会对象就像在蛋糕店寻找一款甜品。在这两种情况下，我一开始都无法确定自己真正要找什么，于是我会简单地使用排除法去除掉一些选项。当存在大量的选择，或者潜在伴侣时，我无法排除掉独立的可能个体，因为那非常消耗时间，但是可以按照大类进行排除。两种情况的区别在于，在蛋糕店，我所排除掉的大分类不会一起消失——它们依然会静静地待在我面前的柜台里，假装忽略掉它们的美味可口是不可能的。

比方说，我不可能直直地走进蛋糕店然后说"我要一块巧克力覆盆子马卡龙！"取而代之，我大概会四处看看，然后决定我不想要饼干，因为在家我就可以自己做，所以饼干类就被排除出选择范围。然后我大概会喜欢巧克力脆皮焦糖，但是我这周已经买过了。于是我会把巧克力也排除出可选清单。我会继续这样排除大类直到仅剩下手指型酥卷和水果挞。

如果在这个特殊的日子里，手指型酥卷和水果挞都不足以吸引我，我也不会就此离开商店，并为其他顾客都买到了中意的甜品但自己却空手而归而感到伤感。这不可能，我会再转一圈然后决定自己到底想要什么，最后，它会是巧克力覆盆子马卡龙，尽管之前已经否决了饼干和巧克力，但是我仍然会带着自己选的甜品开开心心地回家。

在线约会中进行抉择时流程上同样延续了这种顺序，只不过做决定时更加狡猾罢了。线上的候选人甚至没有见到面就被淘汰掉了——不是因为他们是谁而是因为他们身上的某些特征在广泛分类中被排除掉了，这样可以节省搜索的时间。

如果商店的运营模式与在线约会设置一样的话，在我开始斟酌自己的选择之前，我就已经借助于精确搜索过滤掉饼干了（照字面意思，使用过滤搜索设置），像这样"不能在家制作的种类"。而且我可能会再筛选"最近没有购买过的种类"。于是，马卡龙和巧克力都会被列为不符合要求。在这个筛选程序运行后，我的可选项中仅仅留下两个选择，手指型小饼和挞，这都不是我今天感兴趣的。那么我该如何是好呢？也许会带着一无所获的挫败感走掉，认为没有一家蛋糕店会售卖非常适合我的甜品。

当我回顾人生中那些我真正爱过的男人时，坦白地说，他们都不可能通过在线约会精确搜索的筛选。他们不是太过年轻就是教育水平太低；有的宗教信仰不匹配，有的则是身高不达标；还有的是无业游民或者住得太远。

相对的，我严重怀疑自己是否能够在他们的搜索中幸存下来。

我猜测是这样的，经过一番小小的犹豫，你就会认同，你生命中大部分让你快乐的人——包括当下正陪伴在你身边的人——都不可能通过在线搜索"必须具备的条件"清单而呈现在你眼前。这是因为在线搜索鼓励我们去寻求那些容易量化的标准：年龄、体重、教育背景、收入，等等。可是对于一段感情的质量来说，"软性"品质要远远重要过这些"硬件"，但是前者却很难标准量化并应用于在线搜索。这就是为什么当今的线上约会模式也在试图通过运算法则来捕捉这类感性的品质。不过即便如此,这种搜索模式依然会导致搜索者错过那些不满足其量化标准却潜在相配的人选。

从经济学角度讲,这种局限性使得搜索者本应"雄厚"的市场变成了"狭窄"市场。在线约会市场的这一现实问题预示着:至少在理论上,它不比较传统的约会市场更易于找到爱情,而且这样确立的情感关系质量也不会更高。

当我们限制了自己的搜索,比如,我们只联系同一种族的对象,这就是在人为地制造狭窄约会市场——一个买家和卖家都更少的市场——在这样的市场中达成买卖双方都满意的价格是很困难的。狭窄市场不仅仅使交易缓慢,这样的情形下,即使是找到的匹配,质量也较低。

就我个人而言,我想把自己的搜索限制为"当清晨我翻身起床时,能感受到对方的柔软触感,嗅到他身上好闻气味的男性"。不过就算这样可行,如果我同时过滤掉那些"当我发现他们可笑的错误时,他自己却浑然不觉的男人",恐怕这将导致我的可选列表中连一个名字都不会剩下了。

而这充分解释了为什么经过这么多年,我依然是单身。

——在线约会是一场发现自我的旅程

暂且将我对这种流程的恐惧放在一边,作为寻找伴侣的人们,在任何市场上面对数量庞大的选项时,我们的确应该缩小寻找范围。而这么做会造成一种寻找完美伴侣的错觉,其美好之处在于——从经济学家的观点——这些搜索一般都超过了用来了解个人偏好的原始数据。

这给经济学家们提供了观察性与爱市场运行的良机，帮助我们了解市场中买卖双方是如何达成交易的（比方说终成眷属）。

在线上约会形式开始令研究者能够得到有效数据之前，关于如何形成人际关系的可靠数据几乎无从获取。也许你认为我们可以观察现有的情侣，但这些信息远远达不到我们的要求，因为我们需要观测到怎样成为"夫妻"，而不是已经从恋爱市场中脱离出来的结果。这之所以成为一个问题是因为市场的特殊"均衡性"取决于那些仍在市场中的人，而我们能够观察到的夫妻，其偏好是否与市场上其他成员的偏好（那些我们还未看见其结果的人们）相似，我们是无法判断的。

就市场的这种"均衡性"我来举例说明一下是什么意思。假设（猜想）从已婚夫妇那里收集到的数据显示，胸部娇小的女性往往会嫁给光头男。那么我很天真地就会直接下结论说这证明了秃头男人更喜欢平胸女性。其实这根本不能证明这一点。

大概这就是问题所在，比如说，大波妹对有头发的男人情有独钟，剩下的秃子们就只能和平胸女人结婚。又或者也许是女性根本不在乎男人有没有头发，我们看见这种特殊的匹配真正原因是有头发的男人更喜欢波霸，把平胸女人剩下给秃子们当老婆。

不论是哪种情形，得知常见平胸女人与秃头男人结婚给不了我们任何关于乳房尺寸和头发多寡偏好性的参考信息。因为这种婚姻是市场终端结果，男女双方都没必要和其最初设定的目标对象类型成婚：他们会与既能够也愿意和自己结婚的对象成为夫妻。

我并不是想说他们不喜欢自己的配偶而更喜欢其他人选，而是说在所有人选中那群愿意嫁/娶他们的这个子集里，他们更青睐现在的

SLF——单身自由主义的女性——寻求同类男性共同谱写浪漫乐章

在已婚人士中更为普遍的特征并非是与自己的伴侣有共同的宗教信仰,而是双方有共同的政治信仰。如果意识到已婚人士们共享他们的政治信仰是一件重要的事情,那么单身汉们大概会仅仅搜索那些与他们有共同信仰的可选对象,同理他们也该仅仅去搜索那些与之学历相配的人群。

政治学者凯西·科尔斯塔德、罗斯·麦克德莫特和彼得·哈特姆最近发表了一篇论文。文中提到大部分在线约会者选择不向潜在对象展示自己的政治信仰;而在那些少数愿意明确展示自己政治信仰的人群里,绝大部分(超过67%)把自己的政治信仰标识为"中立派"、"其他"或者"无"。

也专门有一批约会者愿意表明他们的立场。年龄区别上,较年长的约会者比起年轻人更愿意表明自己的政治立场;受教育程度上,大学毕业的约会者比仅中学学历的人愿意表明政治立场的人数高出15个百分点。

但收入划分上,可能不是你所预料的。收入介于75000美元至100000美元之间的单身人士比收入在25000美元至35000美元之间的人,将自己的政治信仰标

DOLLARS AND SEX:
How Economics Influences
Sex and Love

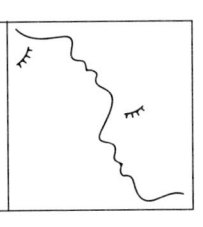

为"中立"的人数要高出 7 个百分点。

这里的问题是,搜索者想要决定约会偏好的唯一途径就是不去看对约会者个人档案的规定,而是去观察约会者在市场上作出的各种选择。

当心理学家安德鲁·费奥雷,琳赛·肖·泰勒,杰拉尔德·门德尔松和库瓦·柴检验在线约会者发送消息的行为时,他们发现如果约会者设置选项去寻求与其同宗教信仰的伴侣,那意味着他几乎不可能搜索到自己实际要找的人选。

比如,接近 50% 的大龄女性表示宗教信仰相同很重要,但真正去联系那些符合这个描述的男性的人数却少于 30%。如果搜索者考虑的只是设置偏好,他们也许会推断多数大龄女性在单身男性人群里寻找与自己有同样宗教信仰的伴侣,然而事实并非如此。

事实上,各个年龄段的男人和女人都表达着寻求共同信仰伴侣来约会的意愿,然而结果是人们往往与不同宗教信仰的人结为伴侣。

伴侣。而这个子集的形成则是由市场整体中每个人的决策所形成的。

上述的例子看起来很傻气，那么让我从现实生活中略举一例。根据2006年美国统计局的数据，黑人男性娶到白人女性的比例（6.6%）要远远高于白人男性娶到黑人女性（0.2%）的比例。我们都清楚这种结果并不是因为单身黑人女性稀缺（黑人女性单身人数明显要多于其他任何肤色的女性；截至2007年，黑人女性的结婚率仅为33%）。所以说对于寻找伴侣的男女双方来说，其种族偏好为何，这个数据又能说明得了什么呢？

根本是毫无意义。

要想在约会中了解到种族偏好，我们需要从正在运行的市场中搜集相关数据并进行研究，对此已经有了颇为高明的手段。比如，经济学家雷蒙德·菲斯曼、希娜·艾扬格、埃米尔·卡曼卡和伊塔马尔·西蒙森安排了一项速配约会测试，该测试是通过三到五分钟的"约会"让男女双方（哥伦比亚大学毕业生）约见一系列潜在伴侣。在这项测试中，参与者有机会与那些希望能够再见面和正式约会的人互通联络信息（通过组织者）。这项实验旨在梳理出是谁的偏好导致了已为人所知的婚姻数据中的人种隔离现象。

按图索骥，种种迹象表明种族隔离的婚姻市场几乎归咎于女性一致的同种族偏好性；男性在这次测试中表现出对于约会对象不同种族的包容性要大得多。白人女性，平均水平偏向于选择约会白人男性，不过黑人女性则更加执着于选择黑人男性作为约会对象。

对于解释为什么白人女性与黑人男性结婚要比黑人女性与白人男性结婚更加常见的原因，以上测试提供了可靠的证据：并非是黑人女性对白人男性没有吸引力，而是因为黑人女性自身更乐于选择同种族男性作为约会对象。

另一项约会市场研究是通过在线约会服务生成的数据来观察伴侣偏好,该数据包含了会员之间初次联系的电子邮件信息(例如,"你好,我看到了你的简介,感觉你我之间有很多共同之处",等等),然后发现了与哥伦比亚大学的速配约会研究相似的结果。

丹·艾勒里、甘特·西特许和阿里·赫特许发现:即使控制住导致发出第一封联络电邮这一个人决策的其他因素(年龄、婚姻状况、收入、教育程度、孩子等。),每个种族分组中基于种族和同种族偏好的"歧视",人数上女性远远超过男性。

实际上,仅仅要测量白人女性对于种族的关注程度,这些专业研究员决定观测另一项男性特性来对比种族偏好,一项女性更为强烈关注的属性——男人的收入水平。

要完成这项测量,他们本质上主张以一个问题的数据即可得出答案:假设一个女人关注她潜在对象的收入,无论对方的肤色是否与自己相同,那么这位男子的收入需要达到什么水平才能使女性愿意主动地联系他,哪怕该男子是另一种族?

在这项试验中,假设一名男性年收入水平为62500美元并且与女方是同一人种。另一名虚构的男性年收入水平为X并且属于与女方不同的三种人种之一。这两位虚构男士的其他所有显著特征一致。要测评女性在多大程度上介意种族差异,可以通过上述的X值需要是多少才能驱动女性联系不同种族的男性来进行比较。

通过分析在线约会的数据显示的结果非常全面。对于白人女性来说,实验预测为黑人男性需要收入超过白人男性154000美元以上,才能吸引白人女性选择联系自己而不是其他白人男性;西班牙裔男性

69

需要收入高出白人男性77000美元，亚洲男人，结果最为惊人，需要年收入额外247000美元才能得到白人女性递出的橄榄枝。

黑人女性的研究结果更为鲜明。同样情景里实验预测结果为：白人男性需要收入超出黑人男性220000美元才能令黑人女性优先联系自己，西班牙裔男性则需要多挣184000美元。

相对来说，亚洲女性似乎更倾向于选择白人男性，而不是她们同族的男子——当白人男性收入低于同为亚裔的男性24000美元时，亚洲女性仍然会优先选择联系他。

这种收入的差异是巨大的，但请不要让数据愚弄了你，误以为所有的女性都只关心收入。实际上，如果现实中收入水平真的对女人如此重要，这个数字本应该很小：仅仅很少的额外收入就可以诱使女性去约会不同种族的男人。而实际上该差异数字如此可观，反而表明男人的种族与其收入水平是紧密相关的。

如果你想知道在这项实验中，男性是如何选择的，其结论是男性基本不在乎女性的收入，由此来衡量男性对不同种族的评判标准就变得毫无意义了。男人们的线上表现显示他们并不像女人那样在乎对方的肤色，在促使男性选择同种族还是非同种族女性方面，额外收入增加的幅度变成无法预计的天价。这并不代表男人有极强的同种族偏好性，而只是表明男性对配偶的选择偏好与收入水平是不相关的。想要真正衡量男性对于人种的关注度，你需要另寻标尺——对男性来说真正在乎的标准——比如身材外貌。

——"约会"市场的经济学方法

我所描述的上述实验是一个非常生动的例子，它向我们展示了线上约会是如何运作得像一个市场的,其中的每个参与者通过权衡各项特征去勾勒伴侣的"轮廓",试图由此在整个市场上找到与他们自身价值最相匹配的优选项。

约会市场与其他任何市场类似,均由买卖双方构成,而且和其它市场具有本质的共同特征:只有当所有价格调整到买卖双方都愿意达成交易后,市场才会趋于平衡。在大多数约会市场中并没有直接的现金交易;这不是我所说的价格。这个市场的价格是由做不同选择的同时所放弃的东西决定的——经济学家们更乐于称之为"机会成本"——意思是当人们最终选择约会一名对象并与之确立恋爱关系时,需要承受的成本。

可以考虑参考以下例子:你在约会网站上浏览到一位外形很具有吸引力的男人/女人的简介。事实上,如果罗列出你当前市场里的所有人选,他/她应该是在整体外貌水平分布的前10%。现在这个极具吸引力的人变得相当"昂贵",因为市场上几乎每个人都在为了得到他/她的关注而进行竞争,正所谓"物以稀为贵",对方的价格自然会水涨船高。参与这场竞争的你能否成功地吸引这位(相当惹火的)人士,取决于你自己在这个市场的身价,因为在这个市场上的每个人都兼具买方和卖方的双重身份。

当市场情形清晰时,我可以保证身价高的人会与相同的"昂贵"人士配对,中档人员会与其他的中档人员成功交往,如此顺序对应下去,直到剩下的"廉价"人士与其他同样低端的人员约会。

当男人和女人与和自己相似水平的对象确立了正式的交往关系时,经济学家们称其行为为"选择性配对"。大量证据表明,在平均水平上,人们大都会选择与自身相似的伴侣类型——受教育程度、收

女性大胆而挑逗的衣着是否助跑了经济发展呢?

在20世纪20年代,乔治·泰勒——宾夕法尼亚大学沃顿商学院的经济学家,宣称经济水平与短裙的长度直接存在反比关系。在经济形势良好时期,女性会穿着更短的短裙,露出长筒丝袜,但是当经济形势低迷时,她们会换上长裙以掩盖自己买不起丝袜的窘境。所以当经济迅猛发展时短裙更短,而进入经济缓慢停滞时期时,裙子会长得多。

在很长一段时间,该理论都无法得到任何论据支持,不过最近,市场研究者金姆·汉森斯、马里奥·潘德拉埃尔、布拉姆·范·丹·伯格、科比·米列特、英格·伦恩和基思·罗发现在实验中,单身男性在穿着大胆的女性面前比起衣着保守的女性面前,会表现出对昂贵商品的偏好倾向。已经有稳定婚姻关系的男性则不会表现出类似倾向。这项结果的论据是:单身男性在吸引力十足的年轻女性面前,他对产品的兴趣会转到那些能帮助他把对方变成伴侣的事情上来。他会假设,也许是潜意识认为,那些商品会吸引对方,显示出自己很富有。

DOLLARS AND SEX:
How Economics Influences
Sex and Love

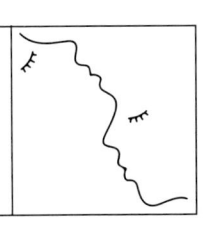

　　这些结果衍生出一个有趣的问题：女性这些年来的时尚变迁，是否因为更加展现出女性性感妩媚的特征而改变了男性对商品的偏好，以便彰显他们的富有和优越社会地位？

　　这个问题的答案很可能是否定的。经济学上有一条基本原则是商品价格取决于其自身的相对稀缺性。如果衣着暴露的女性稀少，那么她们的价格就高（此处的"价格"表示男人所要花费的金额，以便达到向该女士展示自己的影响力的目的）。当穿着暴露的女性数量大量增加时，她们的价格必然会随之下降，因为男性不再需要相互竞争去购买相对稀缺的商品。实际上，随着底限的不断变动这一特定原因，购买高端商品的消费行为会明显地趋于减少。

入水平以及外貌特征比如身高、体重和颜值——这说明选择性配对是很普遍的。

——"情人眼中出西施"

如何在线上约会市场竞争中脱颖而出呢？我给你个建议，就是要靠漂亮外表。让我来介绍一项研究：研究数据来自网站，该网站允许用户给他人的吸引力评分，而且如果他们愿意，可以选择给对方发送信息以期开始交往。

每名用户在惹火与否网站上（www.hotornot.com），上传一张自己的照片，如果愿意还可以写上简短的几句话。网站上的访客对用户的魅力水平进行等级在10分内的评分，评分是基于随机出现的用户照片。如果访问者遇到自己心仪的对象，他们可以登录后点击"联系我"链接表示希望能与照片的主人取得联系。

通过仅仅为期十天的数据，该项研究的作者们（伦纳德·李、乔治·勒文施泰因、丹·艾勒里、詹姆斯·洪和吉姆·杨）就可以观测16550名会员的行为——包含75.3%的男性和24.7%的女性。在这十天里每位会员浏览了平均144张照片，每超过两百万的浏览次数会有一名用户决定点击"联系我"链接。通过观察用户选择谁作为期待联系的对象，研究人员得到了测量个体对外貌吸引力偏好的独立测试机会。

单身人士的竞争在寻求极具魅力对象约会的网页上是相当激烈的，此外这项研究还提供了一些证据：那些被评为"颜值最高"级别的会员同时也基本上是收到最多约会请求的人，相比之下，其他没那么"光鲜亮丽"的用户收到的请求数量要低得多。例如，当一名会员的吸引人指数增加一点（比如从受欢迎指数水平为5升高到6），那么浏览其照片后想与之约会的人数大致增长130%。而男性会员更愿意使用"短平快"的方式（比起女性会员，男性点击"联系我"链接的人数多出240%），当你发现男性尤其渴望与比自身魅力值高出很多的女性见面时，你也许不会感到很惊讶。从另一方面来说，女性就没有太多的雄心去试图约会那些比自己魅力值高出很多的帅哥。

在热辣与否网站，聊天很廉价——字面意义上来说——因为这仅需要用户点击免费链接，但是在其他环境里，追求一个潜在对象就需要耗费很多时间，当然有时也要花很多钱。出于对这些开销的考虑，大部分人都首选尽可能地花费更少的时间。寻找到伴侣并退出市场，最快捷的方式是精确估计我们自身在市场上的价值——我们需要为自己做合适的定价。要达到这个目的，了解我们在市场上的竞争对手的情况是非常有必要的。

——在线约会中，每个人都高出平均值

人们通常都会对其自身估价存有偏见：我们都更幽默，更聪明，更友善，长相更漂亮而且床上功夫也比一般人更好。比如，当在线约会网站的用户被问到他们自己的外貌评级时，仅有低于1%的人回答他们的外貌"低于平均水平"。这种评估结果并不算令人吃惊——如果更多的人回答他们是"平均水平"的话；但是仅有29%的男性和26%的女性认为自己的长相"和走在街上的路人差不多"。仍有68%的男性和72%的女性觉得他们的魅力高于平均水平，这看上去和我叙述的基于热辣与否网站的研究结果类似，多方证据均表明人们要做到准确地评判自身在市场上是什么水准几乎是不可能

的。热辣网用户群对于正在联系的对象也是差别对待的,受欢迎度低的人根本联系不到很受欢迎的人——即使是那些被过高评价,已经远超其实际水平的人。

实际上,越是缺乏吸引力(根据用户评分)的用户,他就越难联系到其他用户,而且他会更加乐于联系评分水平远高于自己的用户,尽管这种会面申请被接受的可能性相当有限。

这就应了那句老话:"癞蛤蟆想吃天鹅肉"。那些缺乏吸引力的人不仅执着于追寻那些充满吸引力的对象,而且还会忽略掉那些与自己评级相当的用户。平均水平来讲,人们联系的都是那种肯定不会答复自己的会员,与此同时,完全不去理会那些差不多水平的用户发来的联络邀请。

这一结果也许会使你猜疑,如果有谁在约会网站上对你表示出兴趣的话,那么你很可能脱离了他们那个圈子。我觉得有义务提醒你的是,事实上这仅仅在统计学上说得通;通常你可能是脱离了那些比较愿意联系你的用户群体。这件事在我看来可以这么说,线上约会很像格劳乔·马克斯的一句名言:"请接收我的辞职,我不想属于任何一个会接纳像我这样的人成为会员的组织!"

——钱是能够买到爱情的

那么,外貌美丽的人在在线约会中价值几何呢?追溯到由艾勒里、西特许和赫特许对公制的开发——这两位学者是我们谈到种族划分时讨论过的——假设一个女人可以在两个男人之中进行取舍:其中一个相当有魅力,另一个则不然。第一名男士跻身于所有男人里外貌最具吸引力的那前10%之中(比如说大部分人会给他的外貌评级到

9分，满分10分），并且其收入水平是年均62500美元。第二位男士的外貌则处于底部那10%（就是说大部分人给他的外貌评分不会超过1），而他的年收入为X美元。那么这个X要达到多少才能令这位女性倾心于这底部的10%，而放弃那令人赏心悦目的前10%的帅哥呢？

答案是这位严重缺乏魅力的男士大概需要比那些吸引力十足的男性多赚186000美元才能使女性选择自己。这说明相对收入来说，外貌对女性是非常重要的。

对一个男士来说，额外补偿多少对价才能使他去选择约会外貌分吊车尾的那10%女性呢？好吧，这根本就是不可能的。不管是因为男性太过于注重女性的外貌，还是太不在乎女性的收入，反正用金钱给予他们足够的补偿来鼓励男人做这样的选择是不可能的。

我所谈到的具有魅力的人在市场上价格是高昂的，并且这个测试也恰好告诉我们这个类型到底有多贵——一名女性愿意放弃多少未来伴侣的收入，就为了去约会一位魅力四射的帅哥。不过，人们在做约会抉择时也有其他权衡，而这些取舍更加难与用货币价值计量。例如，有些人会牺牲掉约会魅力对象的机会，而对有共同宗教信仰的某人青睐有加；也有些人会去选择与自己受教育水平相当的伴侣，并乐于为寻得与之眼界高度相称的另一半支付费用。据我们观察，男人们多会选择更加年轻的女士结婚，但是有些男性会放弃寻觅年轻妻子的机会——如果他能够觅得一位愿意保证他财务稳定的年长女性的话（将在第九章详述此点）。

另一项研究，由阿巴吉特·班纳吉、埃斯特·迪弗洛、梅崔什·伽塔克和珍妮·拉福蒂纳合作完成，其结果显示，在印度人们对于自己同种姓对象结婚的偏好在男性和女性之中同样强烈，以至于宁

经济学家能否给在线约会用户一点指示，用以提高他们找到爱情的机会呢？

经济学家们很热衷于给出信号——一个人传递可靠信息给另一个人以吸引对方来进行交易——的能力。如果信号造成了发出者的成本的话，那么信号接收者会认为这个邀请是严肃认真的。例如，如果一位单身人士在线上约会网站上收到来自某人的消息，而这个人也许属于"他们圈子以外"，那么接收者大概是不会回应的，认为这是在浪费时间；如果想得到回应，他们就需要发出一个可以表达自己诚意的信号。

在一项在线约会实验中，韩国经济学家李宋源，穆里尔·尼德勒，惠林·金姆和吴部·金姆发现，一个小小的几乎零成本的信号——发送一朵虚拟的玫瑰花——在线上约会实验里就能产生奇效。

在线上约会的聚会中，单身男性和女性可以给最多十个人发送标准模式信息。等到聚会结束，参与者有四天时间去接受或者拒绝约会邀请。所有的约会者都能得到两朵玫瑰，每一朵都可以单独私下送给他们所感兴趣的对象。

玫瑰的价值在于不是所有的信息都可以附带玫瑰花，所以参

DOLLARS AND SEX:
How Economics Influences
Sex and Love

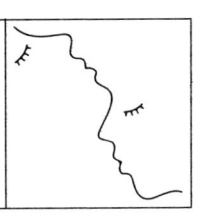

与者需要选择他们所匹配的一个子集以期收到一支玫瑰。大体上他们会选择那些最令他们感兴趣的人。

送出玫瑰这一信号提高了参与者申请约会被接受的概率，与不送玫瑰的邀约相比，送出一支玫瑰可以使他们的约会邀请被接受的几率提高20%。如果发送者在邀约里表达得更加真诚，那么这个策略就会非常奏效：在其他因素是恒定的情况下，邀请的发送者附上一支玫瑰后，收到邀请的一方表示接受的可能性会提高50%

并非所有的服务，尤其是免费的那些，能够像玫瑰花那样传递一个明确的信号。这就需要发送者找到属于自己的信号方式——发出个性化的信息以表明心迹，例如，说明自己已经花时间认真阅读过受邀者的简介。

我很好奇在现实中会有多少人照做，因为人们大概都认为并不需要发送特殊信号来鼓励对方答复——恰恰对方就是那些在收到特殊信号后会更可能做出回应的人。

可选择一位缺乏教育的配偶也要力求对方是同种姓的。

在经济分析中,一个人愿意牺牲掉列在他们单子上的一项"必备"特性以换取另一项特性,这取决于他们自身的偏好、特性以及他们对对方某种特性的估价。另一方面,他们最终会牺牲掉多少取决于其自身在市场上的价格——该价格则是由那些竞争对手的市场价值属性分布情况决定的。

——"我不想安定下来,你最好也不要这么想。"

试试做这样的练习:给自己一个诚实的打分——从1到10中选择在同年龄同性别的人中,真正代表你外貌分布的分数。比如,如果你觉得自己比同龄人之中70%的男性/女性更漂亮,但是没能达到余下30%的高水平,那么你就给自己打一个7分。这就是你在市场中的自我估价。

现在到线上约会网站上,搜索与你同龄同性别的人(你很可能需要做一份虚假的异性简历才能如愿搜索),接着随便你设定多大的搜索范围,然后去看看人们那些用来自我宣传的简历照片。我猜测如果你随机选择十个人的简介照片并且给他们的吸引力打分的话,就会发现你最初的自我评价是夸大了自己外貌水平的分布位置。也就是说,与你的自我打分相同吸引力水平的人们,他们的照片看起来显然要比你漂亮得多。

造成这种差异,倒不一定是因为你最初过高地评价了自己的外貌(好吧,也许的确是,不过这不是重点啦),也不是因为只有那些外表靓丽的人们才在线上约会网站上出没。真正的原因是:每个人都可以找到至少一张拍摄效果非常出色的照片。如果每个人都把他们最好的照片放在线上约会网站上,那么每位凭借约会简介照片去评估吸引力级别的人,基本都会过高地估计线上搜索市场中人们的吸引力水平。

如果这是实情的话,那么当你从线上约会进入面对面的现实,或者对方发送给你更多的照片时,你会因此去低估他们的价值,因为你已经在线上对对方的吸引力有了过高的预期——这是相对市场上的平均水平来说。

我在这里描述的这种现象在社会心理学家口中称之为"对比效应"。这种效应是指,当第一印象被过高预估时,之后再面对实际情况时会被人们低估,这是由于人们会把前后两个印象进行对比。该领域的研究表明当男性已经对极具吸引力的女性产生印象后,对平均吸引力水平女性的评价就会远低于其实际水平——演变成一种不同类型的印象,或者如果男性先对平均水平女性产生了印象再见到漂亮女性,那么前者就被拉低为基准线。

换言之,线上约会网站上的简介照片创造了"美丽的通货膨胀";这驱使着每个人对自身价值的认知偏移到高估的漂亮人群分布区。而且这不仅仅是美丽在通货膨胀,当人们在线上进行自我介绍时,也会对其他方面过分粉饰。

自述报告留给每个人的印象是:整个线上约会市场领域充斥着具有吸引力、接受过高等教育、高收入的单身人士,在等待着去公园野餐或者漫步沙滩。这在刚刚开始搜索的人眼里看来很可能相当棒,然而从长远来看,每个人的预期都高于平均市场致使市场本身愈来愈难以明朗化,而且因此寻觅者们又会高估他们在市场中的表现。

考虑到我们中的绝大部分人(包括男性)都属于贬值资产,那么我们在约会市场上的价值会随着年龄增长而下降，我们能够越早确定自己在市场上的准确价值，从长远看对我们就越为有利。实际上，如果我们希望在自己开始贬值之前退出该市场，这一点显得尤为重要的。

经济学上建议的方式是，约会市场的参与者们从开始就要如实告知自身的实际价值，而且去考虑与之相称的潜在匹配者，而不是填写满满一张列表，标明希望对方满足的条件。或许这样人们能很快地找到另一半，于是市场就会迅速变得明朗起来。

——你可能太过富有或者太瘦吗？

尽管经济学家喜欢把人类行为以尽可能的方式进行描述，可是人类实在是一种非常复杂的生物。就像我已经说过的，找到一位完美伴侣更多的是需要经验而非反复检查清单上的项目。然而我们所做的却是后者，有时这是各种错综的轨迹结合而成，并非仅仅因为个人自身的行为。

正如我所说，外貌的吸引力对于寻觅伴侣的女性来说是十分重要的因素，但是女性也会同时在意男性在进行匹配中能带来的资源。心理学家西蒙·朱、丹尼尔·法尔、卢娜·米诺和约翰·莱西特指出：虽然比起外貌平平的男士，女性更加青睐英俊男性，而且女性也会选择相对更加富有的男性；但是如果让其做出选择，女性会更加倾向于英俊而低收入的男性，而不是潇洒多金的"高富帅"类型。

这看起来似乎有点矛盾，但是可以与女性对忠诚伴侣的偏好性联系起来；如果一位女士可以与一位英俊男士为伴，那么她更愿意选择一位只属于自己的伴侣，而非那种英俊多金、也随之可能有多个女伴的男性。证据就在数据里。研究人员通过项目为20名虚拟的男士创建了在线约会简历，让他们具有各种魅力等级的外貌（评分为1至10的等级），分别被指派为不同职业：高端的（医生、建筑师），中端的（教师、社会工作者）以及低端的（邮差、客服中心话务员）。约会简历被展示给女性后询问她们会选择谁作为长期伴侣。

结果显示，如果对方的外貌英俊（超过10分中的7分），女性会选择中端收入男士多过那些高薪男士。如果对方的外貌不那么吸引人（在4到6分之间），那么女性会选择高收入水平男士超过中档收入。这种结果在那些很难相信别人的女性和那些认为自己难以在伴侣市场上胜出的女性之中尤为突出。

所以，可以概括结论为：女性担心自己的伴侣不忠，因此会去避开那些她们认为可能会吸引更多女人的男人。这大概是因为她认为对方会偷腥，也可能是因为要守住这样的伴侣实在是使人筋疲力尽，所以就与一位会不断吸引其他女性的男人建立情侣关系来说，女性宁可不去花费这份精力。

——地点，地点，地点（重要的事情说三遍）

我确信在这里所讨论的是人们在网上寻找约会的方式，而社交网络模式比起传统约会模式在地域上更具优势，为新人们提供了更多可以见面的地点。

例如，互联网研究所的几位专家伯尼·霍根、纳伊利和威廉·达顿的研究报告中发现，在1997年有30%的同居伴侣是通过社交方式在互联网上认识的；同期有28%的人是通过那种专门将人们聚在一起制造浪漫的方式相识（比如，在线约会网站）。考虑到在新千年来临之

外貌欠佳的人会更多地粉饰网上约会的简介

几年前，有一次我正在线上约会网站和一位男士聊天，对方声称拥有研究生学位。当我问起具体是什么学位时，他透露自己实际上在社区大学里待了六年，屡战屡败没能修完学业。他的原话是："我现在本应该是个博士的！"得到的答复当然是："再见。"

没有人会乐意被人欺骗，尤其是预期有生之年与之发展到共度余生的那位。也许对于这个原因的研究已经说明了，与这个家伙不同，约会简介中的谎言程度会比较轻微。男人们把自己写得高一点点（大概一英寸）而女人们把自己写得苗条一点点（大概八磅）。但是除非你花费整个夏天去研究当地平均水平来推测人们的体重和身高，这种小谎言太过轻微，平均来讲，绝大部分人很可能无法在初次约会时揭穿它。

一项来自传播学研究者卡塔丽娜·托玛和杰佛里·汉考克的最新研究发现，有一部分线上约会人更倾向于撒谎——他们正是欠缺外表吸引力的那一部分。

这项研究显示魅力低的人会更倾向于去刻意选择一张简介照片——那种明显比其自身日常生活照要更具吸引力的照片，而且

DOLLARS AND SEX:
How Economics Influences
Sex and Love

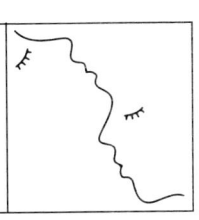

还会在客观衡量外在吸引力的因素诸如身高体重方面撒谎。

　　有趣的是，欠缺吸引力的人似乎不会去尝试通过提升自身的社会地位来弥补他们外貌上的不足；他们不会像有高吸引力的人那样虚报收入、教育背景或者职业水平。

　　这就引出一个更加普遍的问题，前提假设是男男女女都擅长依据自己的外貌吸引力水平去评估自己在市场上的位置。这往往是事实，因为低魅力的人花掉更多的时间在线寻找爱情，而且考虑到他们难以如愿，最终在档案建立初期就做点手脚以期吸引到较之前更好的回应。如果人们"修正"他们的简介太过，希望这样等到更多的关注，那么数据看起来就会显得缺乏吸引力的人更加爱撒谎。假如情况确实如此，那么欺诈程度和吸引力欠缺程度的正比关系就不单纯是因为人们对自身缺乏吸引力的自我评价的结果；它是由花费在市场上进行搜索的时间决定的。

前，社交网络还没有得到广泛应用，这个数字还是相当地保守，那么当今有多少约会是发生于在线约会网站的就可想而知了。

社交网络模式的价值在于它比现场约会模式拥有更多的经验。你仍然可以去感受现场约会的显著定量性特征（年龄、教育水平等等），但是你也可以做一些更加重要的事情——像与其他人在网站上对于未来的约会进行观察和互动。在这些附加信息之中，通过观察可以得到很多其他人对当事人的评价。这种信息会帮助我们抉择出潜在伴侣在约会市场上所处的位置，这在当有人想觅得与自身价值相当的伴侣时意义重大。

那么问题来了：如果社交网络网站变成互联网上寻觅爱情的主要场所，为什么还需要为互联网约会服务付费呢？免费的网上约会服务已经汇集了相当令人信服的证据，表明潜在的匹配在付费服务约会中要比免费模式下少得多。这很可能是事实，但是搜索者并不是在寻找一打潜在伴侣——他们是在寻觅一个活生生的伴侣。而证据显示，如果你在线上约会网站上遇到某人，而对方已经为该服务支付过费用，那么此人会更加乐于和你相见。

一项最近的研究——心理学家马丁·科尔曼通过一项模拟在线约会测试了该理论，即参与者为在线搜索潜在约会回答一系列用以描述其完美伴侣的调查问卷并"付费"。当搜索结束后，他们被告知已经找到了一位匹配人选，不过他/她并没能满足参与者搜索的所有品质（我想大家都曾有过这样的经历！）。实验运行到这一环节时，参与者会被告知，有朋友想为他安排一次相亲，而对方正是各方面和其要求完美匹配的人选。因此参与者需要选择，他们愿意按一小时支付多少钱通过线上服务去进行那场不完美约会；或是花费多少钱去参加这次完美匹配的相亲。

结果是个人选择花多少时间与线上约会对象见面是直接与他们为线上服务支付了多少钱相关的。那些为线上服务没有支付或者仅支付很低费用的人，对于选择线上约会就会缺乏动力，转而选择去相亲；反之，已经支付较高费用的人会更愿意选择线上约会。比如，当在线服务免费时，该研究中的男性参与者会选择花20分钟线上约会；而当成本变成50美元时他们绝大部分会为这种约会安排40分钟。女性方面，在线上服务0费用时会安排13分钟的线上约会；服务费用为50美元时则会安排28分钟。

——本章结语

不久之前，有位朋友试图为我和一位她认识的男性安排一次会面。那人将近50岁，长期无业，正陷在难缠的牵扯着三个孩子的离婚官司里。于是我的答复是："当然好啊！"（我是不是说过我单身已经很久了？）而当她告诉对方关于我是一位收入可观、具有学识的女士时，他的回答是："不了，谢谢，我只对25岁以下的年轻女性感兴趣。"

这就是一个男人关于市场中性与爱的清晰的经济学观点。

我在这里分享的这些经济学约会市场故事，不仅仅是对于那些正在寻找爱情的人具有重要意义，它们同时也有助于解释当代社会广义范围内的经济和社会现象。

例如，它们帮我们了解到，为什么收入丰厚的家庭与收入很少的家庭，彼此间的差距在近几十年里越演越烈。关于这种现象的众多解释中，有一种解释是结合约会市场得出的，即个人往往会和与自己收入相当的对象结为夫妻。曾经有过那种时代——高学历、高薪的男人会娶个低技能、低薪酬、仅仅中学毕业的甜心妞儿,仅仅因为双方在同一个社区。而现在一位高收入男士更愿意与高收入女性结婚,这不仅是因为更多的女性收入水平提高了(当然,这的确是事实),更主要的原因则是他如今可以在更大的约会市场范围内寻觅伴侣。匹配度提高是基于可以在更大范围的市场中进行搜索,这就意味着可以找到有相似教育背景和同收入水平的伴侣。此类婚姻——两个高收入者的结合,形成了更高收入水平的家庭,这是高收入者与低收入者结合的家庭所不能比的。

线上约会市场的可能性使相互匹配的情侣增多成为趋势,这强化了现存的经济阶级分层,同时也拉大了不同阶级家庭的贫富差距。

通过经济学途径所给出的第二种观点是,约会市场的低效率导致个人在找到理想人选前,会保持更长时间的单身状态。如果人们花费几年时间去寻找爱情,只是因为需要着实折腾一番来决定自己在市场上的价值,或是陷入那些容易度量的品质的无穷搜索中(比如年龄、身高、学历、种族和收入),而不是更加重要的经验品质,他们就错失了很多早些成婚能给整个人生带来的经济效益。

我们将在下一章节了解这些经济效益,不过从社会的宏观角度看,当婚姻市场不够高效清晰时,可以导致生育率全面下降,未婚女性的生育率就会更高;同时当男男女女推迟到30或40多岁结婚时,花费在不孕治疗上的钱也会增加;更有甚者,彻底变成不婚族。

正因为这些原因,部分国家的政府机构,比如说新加坡,只好接管和协助约会市场,通过提供免费的在线约会服务,为单身人士创造现实中会面的机会;并开设讲习班,教授有良好意愿的朋友们如何成为优秀的媒人。

最后一个例子从经济学的角度为我们提供了一个解释：为什么在美国，黑人女性的结婚率出现了空前的下滑。黑人女性的学历成就相比黑人男性增长很多，而黑人男性的监禁率（同样，我们会在后续章节讨论这个话题）却日益增加，这两个原因就解释了黑人丈夫们为何如此稀少。但是这些因素仅仅对黑人女性的结婚率有影响，尤其是在与不同种族之间通婚的比例仍然极低的情况下。如果所有的单身人士都不重视潜在配偶的种族，那么我们有理由去预期黑人女性的结婚率会与白人女性的趋同。我们在这里所讨论的研究证明了约会中强烈的同种族偏好，也支持了我们的经济学理解，解释了为什么黑人女性人口中结婚率是如此的差强人意。

是什么促使我们步入婚姻殿堂？没有什么关于性行为与爱情的论题能像婚姻问题这样吸引经济学家们的注意力。经济学的一项主要优势是理解变化，而且不管怎么说，婚姻是在持续变革的——不仅仅是婚姻的法律定义，而且是指左右我们选择结婚伴侣的种种因素，还有结为连理后，夫妻间是如何做出重要抉择的。正如我们即将看到的，仅仅是脱离约会市场并不意味着该市场不在我们的性行为和爱情历程中起到重要作用。

第四章　你使我完整

——"你不可能总是心想事成，不过只要肯坚持努力，你就会得到所需要的。"

迈克·贾格尔在自己年少懵懂时大概只花了两年时间就读于伦敦经济学院，不过他看起来倒是在至少一个市场运作上颇有心得——爱情市场。

在爱情和婚姻中，你无法一直顺心如意，原因是你自身的市场价值限制了你的伴侣的品质，对方只会是婚恋市场中与你价值接近的水平。市场理论显示与你结婚的对象，其价值与你自身对等；不过有部分人可以得到更好的——如果你耐心地等到价值更高的对象出现的话。从另一角度来说，经济贸易理论的意见是，绝大部分的生产匹配发生在市场中的差异个体足够多时，每个人都能从交易中谋得收益。

所以当你无法得到你想要的时，很可能那位市场价值与你自己相当的人却正好是你需要的。

在我们探索如何选择我们所期待与之共度余生的伴侣之前，我们应该先花上些许时间聊聊人为什么要结婚,因为这是理解缔结婚约能给两个人带来哪些好处的最好办法。

顺便一提,这一章以及之后章节当中的观察所涵盖的不仅仅是法律意义支持的合法夫妻关系,也同样包括其他的同居关系——那种长期性质的情侣关系。为了简便起见,有时我会回归到传统意义的夫妻,新娘和新郎;大部分在这里我提及的也同样包含了同性别的情侣和婚姻。

——这可不是你司空见惯的那种爱情故事

要说明我的观点就不得不从一整段经济学理论的新派婚礼誓言说起。这仅仅是略举一例;情侣们可以用自己的优缺点来填充这段真爱表白。正如你马上要看到的,我在这里所选择的这段誓词对于简(我们将在第六章继续讲她的故事)的婚姻简直再合适不过;如果她有先见之明那么她自己也会如此写的。

新郎:"我,'新郎姓名',同意与你达成这项合约,'新娘姓名',共同经营我们的婚姻。我原本希望接受曾经遇见的其他女性成为伴侣,其拥有远超过我最低要求的多项素质,不过事实是对方认为我不够好,于是我就选择了你,我的爱,成为我的妻子。你所欠缺的是教育水平和收入,而你的年轻和美貌弥补了这些不足,所以现在我宣誓这笔交易足以让我选择你作为我的新娘。我承诺会保持忠诚,尽管搜索的成本低廉,而你必然持续下跌的价值也许会促使我在未来某天去寻找一位新妻子;我宣誓会与你合作共同达成目标,共同分配生产劳动力及日常生活用品,以使我们的家庭繁荣。我会继续投资于自身的人力资本来确保你对未来的预期与我们的日常收入相匹配。也许这并不理性,但我立誓投资于我们的孩子和资产组合,犹如我预期会与你相守到老直至死亡将我们分开。"

新娘:"我,'新娘姓名',同意与你达成这项合约,'新郎姓名',共同经营我们的婚姻。我原本希望接受曾经遇见的其他男性成为伴侣,其拥有远超过我最低要求的多项素质,不过事实是对方认为我不够好,这使我选择了你,我的爱,成为我的丈夫。你所欠缺的是俊朗身材和迷人外貌,而你的教育背景和职业规划充分弥补了这些不足,所以现在我宣誓这笔交易足以让我选择你作为我的新郎。我承诺我们婚姻存续期间出生的每个孩子都会是你的血脉,尽管我会受到来自拥有更优良基因并寻求短期关系的男性的诱惑。在确信你会为我们的家庭带来足够的资源来确保我们的生活品质的前提下,我会把我的全部人力资本都倾注到我们的孩子身上。也许这并不理性,我会压制自己处于风险规避模式的行为倾向,立誓投资于我们的婚姻和资产组合,犹如我预期会与你相守到老直至死亡将我们分开。"

这个时候,新娘和新郎会交换戒指,然后新娘的姐妹会走上前来,激情献唱一曲来自披头士乐队的《真爱无价》;或者来点时下更流行的——美国的另类摇滚乐队"Panic at the Disco"的《我写的不是悲剧》,歌中的明智建议是给即将成为新娘和新郎的:"面对这些事情最好要平衡和理性。"

人们结婚会出于各种各样的原因,但是从经济角度来说,婚姻可归结为两个原因:高效生产的家庭产品和服务,以及萧条时期的保障。我将把关于保障的话题留到第六章再进行讲解,届时我们会谈到夫妻之间是如何在他们的婚姻里达成交易的。现在让我们先专注于那些最大化家庭生产的"产品"和"服务"的品质,包括爱情、性和孩子。

很多家庭产品和服务可以从个人或者市场上购得，但是当一个家庭里有两个人时，通常他们的生产会更高效（比如，成本更加低廉）。让我来给你略举几例：

由婚姻所产生的产品或服务，居首位的是性和爱。性可以在市场上购得，爱则不然。在市场上购买性是很昂贵的，不仅仅是指它的明码标价，也同时包含感染疾病的风险，意外曝光后丢脸和被耻笑的风险，如果性交易是违法的则对应被逮捕的风险，遇到暴力的风险，等等。所有这些因素，加上纯粹的麻烦，使得在市场上购买性远比从婚姻中获取性低效得多。当然，人们总能访问草率性行为市场（比如在酒吧里或者网上），但是这类市场也具有很多前述性市场的相同风险，再加上考虑到人的年龄层次，在草率性行为市场上找到性关系更加具有挑战性。

尽管普遍认为已婚人士不会像他们未婚的朋友们那样频繁地发生性关系，但来自大卫·布兰奇福劳和安德鲁·奥斯瓦德的研究证据显示，已婚人士的性行为频繁程度要远超单身人士；76%的已婚人士表示每月至少有两到三次性行为，形成对照，达该频度的是57%的未婚人士和41%的离异、丧偶或分居者。此外，43%的离异、丧偶或分居者和24%的未婚者表示在近12个月内没有发生过性行为——具有同样情况的已婚人士仅为6%。

你也许试图争辩说性行为的数量和质量是有本质区别的，也许你是对的，但是同一研究显示，在近12个月内仅有一名性伴侣的人要比那些有很多性伴侣的人感觉更加快乐。也许这并不能证明婚姻中的性关系质量更高，但是它的确证明了拥有更多性伴侣并不能给人带来更

93

大的愉悦感。

如果我们把性行为作为婚姻提供的一项"服务",那么它显然是建立婚姻关系的几大原因之一,因为通过结婚明显可以用更低廉的成本获得这项服务,这是单身人士所不能比拟的。

第二个关于婚姻中产品或服务的例子是血脉的延续。不是所有的夫妻都愿意生养自己的孩子,同时也有很多人想要生孩子却做不到。但是对于那些既想要孩子也有能力生养的异性恋来说,婚姻就是使之成为现实的最具有成本效益的方式。市场上也存在其他选择,而且对于女性也存在一些非市场性选择,不过这同样需要面对费用和种种不便。

在婚姻中孕育孩子可以给女性一个保证,那就是孩子的父亲会确保提供他的时间、资源,或者同时提供这两样,同时男人们也能得到一些保证——他亲手抚养的是自己的血亲骨肉,而非他人血脉。

婚姻也许不是获得血脉传承的唯一途径,但它确实是最为高效低价的使情侣孕育孩子的途径。实际上,对于年富力强而乐于享受性爱的夫妻来说,生孩子基本就是零成本。

第三个例子也许更有经济学学术色彩,例子来自于家庭产生的产品和服务,比如食物、洗衣服和一个干净整洁的安乐窝。这些来自于婚姻的产品和服务价格更加低廉,其中原因,类似于两个国家合作贸易要远胜于单打独斗的进口和自给自足(例如实行全面封锁边境贸易)。

人们,就像国家与国家,都有自己专长的项目。如果一个人能够比另一个人更加高效率地承担家务,那么让其充分发挥专长,高效完成家务,使对方能够全力从事其所擅长的领域,这样的分工协作显然可以让双方获益。

这里我来举个实例,他们是一对我很熟悉的夫妻——乔丹和亚历克斯,他们有个20个月大的宝宝。乔丹和亚历克斯每天晚上都有两件头等大事需要料理:哄他们的宝贝睡觉和清洁厨房。据他们对我说,乔丹在这两样上都更加擅长,完成这两件事情花费的时间要比亚历克斯少很多。

具体来说,乔丹可以用45分钟清理厨房,同样这件事亚历克斯则需要耗时60分钟,然后乔丹可以把他们的宝贝女儿在30分钟内哄睡觉,亚历克斯则需要60分钟才能完成这项艰巨任务。

现在也许这对夫妻可以安排亚历克斯看电视,让乔丹花费总共1小时15分钟来清理厨房和哄他们的宝宝睡觉。不过按照这种职责分工,这对夫妻并没有从此项交易中获利;他们完全可以采用更加高效的方式来分配家务活。

为了达到这个目标,他们需要决策对每件任务谁更具"比较优势"——谁在对应方面完成起来能够更加高效。乔丹也许能够比亚历克斯更迅速地完成两样任务,不过在乔丹把小宝贝哄睡着的时间里(30分钟),亚历克斯只能完成三分之二的厨房清理工作(总耗时需要45分钟)。而如果换种方式,在同等时间内,亚历克斯可以把宝宝哄睡着(60分钟),乔丹却可以把厨房完成收拾妥当。

这就意味着乔丹在哄孩子睡觉这项上具有比较优势,同时亚历克斯在打扫厨房这一项上具有比较优势——这样的分工协作比其他的方式更具有高效率。

最优的家务分配应该是让乔丹去哄孩子睡觉,同时亚历克斯清理厨房。假设这两件事是晚上唯一需要做的,那么乔丹会在亚历克斯完成厨房清理工作之前哄孩子入睡，然后帮亚历克斯打扫厨房。如果他们能够在厨房清理中进一步分工协作，使得清理工作能更加高效地完成，那么两人可以在这样的合作中进一步获利。比如，当一个人在收拾工作台面时，另一个人去搞定洗碗机，他们就可以更迅速地完成家务，在四十五分钟后一起放松，共度一个美好夜晚。

我知道，如果你也已经为人父母，此时此刻一定会想："这简直是太幸运了。"

从交易中获利不仅仅表现在获得更多闲暇时光，就像上面的例子那样，有时也表现在更加高质量的家庭输出方面——房子更加干净整洁，孩子们能够得到更好的照顾，诸如此类。夫妻间从这笔"交易"中获利是因为两个人共同做出决策，不过研究结果显示，平均来说夫妻会选择二者兼得——消遣更多闲暇时光和生产更高质量的产出。

婚姻的比较优势不仅显现在做家务和抚养孩子方面。女性在怀孕和分娩方面有着显著的比较优势，因为男性显然无法像女性那样，以如此低廉的成本得到子嗣的。至于在相处中谁能在性爱方面博得比较优势，这个问题的答案就要留待你自行发掘了。

从交易中挖掘收益不仅仅是人们放弃单身生活而投入婚姻的重要原因，也同时左右了人们在选择未来人生伴侣时的某些重要因素；至少理论上是这样的，最为高效的婚姻就是两个人可以发挥各自优势，合作无间。

例如，如果有个高薪的人想要孩子，并且希望自己的孩子能够被伴侣全天候地妥善照顾，那么他/她应该会倾向于寻觅一位在照顾孩子方面具有比较优势的伴侣，这样就能在工作日里全身心地投入到赚钱的事业上，而伴侣可以保证其不再在照顾孩子的问题上有后顾之忧。

这就清楚地解释了为什么传统婚姻演变成了所谓的"男性养家模式",而大概同时期发生了工业革命;这并非因为女性天生被赋予"贤内助"的属性,而是因为体力劳动的辛苦同时赋予了男性在劳动力市场的比较优势和女性在照料家庭方面的比较优势。家务活的安排发生改变后,已婚已育女性开始加入外出工作的人群中,这要归功于脑力劳动获得的报酬超过了体力劳动,使女性可以得到并胜任工作,进而促使男性和女性在市场上的收入差距逐渐缩小。

高效率婚姻中的两个人展现了不同的天赋,这解释了为什么传统意义上,年长的男性(那些在挣钱方面具有比较优势的人)与年轻女性结婚(那些在多生育上有比较优势的)更常见,而较为年长的女性与较年轻的男性结婚不常见。不过,随着时代日新月异,当今女性教育水平更高,收入也水涨船高,有了质的飞跃,也逐渐出现嫁给更加年轻的男性的情况。

这同样解释了为什么一些收入较高的国家的男性寻找并且能够觅得异国配偶——来自那些男性女性收入都很低的国家。这样的男性比起他们的异国妻子更具有优势,因为他们有着很好的收入能力,在与异国男性竞争迎娶那些美艳女性的比赛中有着压倒性的优势。而对这类妻子们来说,至少从长远角度考虑,在更好的经营家庭和生养孩子方面,要远比与贫困国家的男人成家要好得多。

这个话题我们还是选择在第六章详述,届时我们会讨论在婚姻中的交易,当然比较优势学说不是如何在婚姻中分配家务的最终定论——这仅仅是给婚姻中的家务分配提出指导意见,如果夫妻双方均力求获得最大化收益的话。如果婚姻中的一方或双方仅对自身的利益

一个丈夫值多少钱?

维多利亚·弗农的最新某些研究发现，比起单身女性来说，已婚妇女每天有三十四分钟或者更多的（很棒的）闲暇时光，这表示她们从家庭式产品的生产中汲取了更大的收益。不过只有高收入家庭里的女性才能享有此项福利；低收入家庭里的已婚女性每天需要额外工作 15 到 34 分钟——如果她们有孩子，如果没有孩子那么额外工作时间是 37 到 48 分钟。

已婚男性是无法从婚姻中获得更多闲暇时间的，但是高收入家庭中的已婚无孩男性需要每天多工作 30 分钟赚钱，有孩子的则每天多工作 35 分钟。

重要的是，尽管高薪家庭中的已婚女性比其他未婚女性拥有更多的闲暇时间，可实际上已婚女性要比那些单身女性承担了更多的家务活——多出来的休闲时间是她们放弃了在劳动力市场上的工作时间所换来的。事实是相比单身女性，有孩子的已婚女性每天要额外花费 31 到 41 分钟进行清洁，41 到 51 分钟烹饪，8 到 11 分钟跑腿。

这并不意味着已婚女性就很失策，而是说明她们可以开拓在

DOLLARS AND SEX:
How Economics Influences
Sex and Love

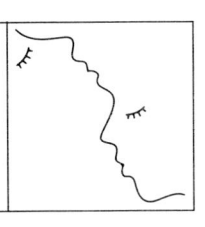

家庭生产中的比较优势，与此同时她们的配偶可以在劳动力市场上扩展自身的比较优势。这种比较优势方面的原因也许对于无法作用于那些在家务方面具有非凡能力的女性；但却可以作用于那些在劳动市场上挣更多钱的男性身上。

你也许会希望在家庭中另有其人可以为女性节省掉那额外的每天34分钟，但是这项研究也许可以解释为：已婚女性所属家庭的生产具有更高的质量。第二个可能的解释是一些已婚人士未能成功地从交易中获得收益，是因为他们不懂得比较优势，而是依赖于绝对优势去分配任务；谁比对方做某项工作更出成绩就由谁去做，而不是两个人各自去做更擅长的事情，同时也让其配偶参与进来。

最大化感兴趣，那么真正重要的就是谁有权利决定一方去承担所有家务而另一方享受闲暇时光了。

——城市中的无性生活

单身汉们出于两个原因在大都市中寻觅着爱情的脉动：在人口稠密地区的搜索成本较低，而且，潜在匹配人口数量多使得匹配对象质量更高。

在人口稠密地区觅得伴侣的成本低廉，原因其实很简单——与人口稀疏的偏远地区比起来，大城市的单身人士步入婚姻殿堂更为稀松平常。大都市里的人们每天行色匆匆地走进咖啡厅、饭店和酒吧去面对不同的人——而不是同一群那种乡村工厂里能遇到的类型。你也许会质疑说在市中心的人更加谨慎而不太会和陌生人聊天，这也许是事实，但是数量庞大的人群预示在人口稠密的城市地区搜索伴侣用时要短得多。

让我给你一个关于这方面比较具体的例子。比方说你和另外五个人一起在一间办公室工作。一天你向你的同事们宣布自己希望得到他们的帮助来寻找爱情，并询问他们是否有朋友现在是单身。在一个人口稠密的城市地区，如果每个同事提供一个单身朋友，那么你可能有五个潜在匹配机会。这种可能性的存在是因为你的每位同僚可能参与不同的社交网络。然而在地广人稀的地区，很可能你的同事们处于同一个社交网络之中，这样的话你可能只有一到两个潜在的匹配机会，因为你的同事们很可能介绍的是同一个人。

在人口稀少地区的可能匹配数少，意味着在由你的同事们共同构成的匹配市场里，你更难于通过尝试找到"对的人"。于是你现在花费更长时间进行搜索，寻觅爱情的成本就更高。（如果搜索变得越来越昂贵这一概念不直观，可以参考一下这个，某位女性若是没能在最近几年结婚，那么她生育孩子的机会就明显减少了。对她来说，长期搜索的"代价"可以直接衡量为有可能无法生育孩子的价值。对其他人而言，这项成本也许仅仅是本该花费在与伴侣耳鬓厮磨却浪费在孤独中的时间。）

第二个选项是当较少的匹配机会导致搜索停滞时，便会"安排"一个可接受的匹配，尽管这个匹配不尽人意，可是预见到继续搜索也会让人望而却步。

这把我们指引到单身人士纷纷搬到城市里寻找爱情的第二个原因，也导致了城市中的匹配质量会更高，搜索成本会更低。

让我们回到你去询问同事有没有单身朋友的例子上来吧。想象一下你已经对自己的未来伴侣有了最低要求的腹稿。这些要求即为你的婚姻伴侣的保留价值；你只会与在市场上寻觅到的某个水平超过这些要求的人结婚。

如果你知道你的潜在约会范围中仅有一到两个人符合要求，就像之前的乡村例子那样，你将会把保留价值的标准降低以避免过高的搜索成本。如果你知道自己的潜在约会范围很广，这就像之前的大都市例子，也许你会将保留价值标准再度提高，因为以较低的搜索成本就可以达到你的预期。

当搜索成本较低时，配偶的保留价值会趋向较高，因为人们乐于花更多的时间去寻找更高水平的匹配者。

该论证也同样解释了为什么通过网络可以潜在提高婚姻的质量——因为在线搜索的低成本鼓励人们将保留价值定到较高水平。

这意味着因为单身人士在人口更稠密的区域可以以更低廉的成本搜索到伴侣，他们就会增加很多自身偏好去寻找更高质量的伴侣，那么单身汉们蜂拥到城市里去寻找爱情也就不足为奇了。

另外一个考虑因素来自于已婚人士，他们已经不再搜索配偶，倾向于搬出城市，寻求房价更低，空间更足够来生养孩子。这就意味着城区不仅有更多的单身人士，这些单身人士进一步组成了比起乡村更广泛地共享资源的人口群落。

所以在之前的例子中，你的同僚朋友们在城市里更可能有至少一个单身朋友，也是因为与乡村地区的朋友共享资源的人口大都已经成家。

大城市是容易找到浪漫的地方，即便如此，仍有一个人群为了找到传统意义上的爱情而奋斗于城市市场：受过良好教育的知识女性。

根据罗德里克·邓肯的理论，城市市场中存在大量单身知识女性的原因只是一个数字和偏好的问题；知识女性的数量远超受过良好教育的男性，是因为比男性数量更多的女性进入大学深造，加之知识女性更倾向选择比自身教育水平更高的男性作为伴侣，而男性则不会这样。

我们从第一章已经了解到，女性地位日益得到重视和提升，升入大学的人口比例自20世纪80年代末期起就远超男性。我们也知道女性寻找那种可以让自己发挥比较优势的男性，从历史上看，由于性别工资差异，男性拥有就业薪酬上的比较优势而女性拥有家庭生产上的比较优势。

随着时间的推移这种男性在就业薪酬市场上的比较优势已逐步发展成为社会普遍现象，导致女性希望找到比自己收入高的男性作为伴侣。如今受过良好教育的男性相对相同教育水平的女性变得稀缺，尽管如此，至少部分女性的婚姻还是可以达到预期目标。预期值也在与时俱进的变革之中，不过社会规范的发展是缓慢的，导致很多女性在同时努力寻找她们认为合适的结婚对象。

在过去，当大量人口还没有达到中学教育水平时，大部分女性都下嫁于教育背景不如自己的丈夫。这主要是因为比起男性，有更多女性能够完成中学学业。我的双亲就是一个很好的例子：我的在美国受教育的母亲有中学学位，而在南非出生的父亲从未有机会读完中学，他14岁时就被送去军队服役。在他们结婚时，有中学教育水平的女性嫁给过早肄业参加工作的男性是一件再寻常不过的事情。

根据罗德里克·邓肯的论文，在1940年，45%的女性拥有中学学历并且嫁给没有完成中学教育的男性；仅有20%嫁给了那些多少上过大学的男性。在1960年，情况稍有改观。当时有33%的中学教育水平的女性嫁给了中学学历以下的男性，而嫁给那些多少上过大学的男性为妻的比例变成了23%。到1990年，更多的中学教育水平的女性嫁给上过大学的男性，比例超过嫁给连中学学历都没能拿到的男性的女性。

这一证据可能与我刚刚所讲的比较优势背道而驰，但是在早几十年间，没有中学学历丝毫不影响男人们赚钱超过他们那具有中学学历的妻子——所以女方因为收入因素结婚的同时就相当于降低了教育因素。

这一信息揭示了如下观察评论：在很长一段时间里，有些女性有价值到足以寻得比自身教育水平更高的丈夫，她们主要是大学教育水平的女性。在过去三十年间，缺少教育的工人收入水平下降，女性相对男性收入水平提高，于是缺乏教育的女性也开始寻觅比自身受过更好教育的男性。这是因为教育水平低于中学程度的男性，其薪水已经不再能够超过他们具有中学学历的妻子了。

越来越多的女性寻找受过高等教育的丈夫意味着受过良好教育的男性变得比知识女性相对稀缺，这不仅仅是因为男性进入大学深造的人数更少，也是因为薪酬的变革鼓励着不同教育水平的女性去选择同类型的男性。

男人们对于女性这种对良好教育水平伴侣的偏好丝毫不感冒。加之社会规范强加的男主外女主内的社会分工，于是从传统意义上讲，男性更乐于找比自己教育水平低的配偶以巩固自身市场劳动力的主导权。回顾第三章论述约会模式时的证据可见，男性在网络上寻找爱情，对于潜在伴侣的收入情况也是不甚在意的。

除了支持高端婚恋市场以外，有良好教育背景的单身人士倾向搬到都市中，也因为较高教育水平对应的薪酬在城市里要好过乡镇地区。无论男女都是如此，受过良好教育的女性职工在大城市可以得到额外的薪资奖励；她们显然在这里也更容易找到高学历的丈夫。缺乏教育的女性也出于同样的原因搬入城市——她们也许不能从都市的高薪酬中获益，但是比起死守在乡村里，更可能找到教育水平高得多的丈夫。

莉娜·艾德兰德使用瑞典数据检验这种假设后发现，收入越高的男性（年龄在25到44岁之间）其所在城市中，女性的数量比例也就越高。因为我们预期男性的高薪酬可以鼓励更多的男性搬进城区，于是出现了这个有趣的结果。这也许是主因，不过它也同样说明男性的高薪酬鼓励了女性搬进城区，实际上女性数量反而超过男性。于是随着男性收入的增高，男性比女性的比例就随之下降了。

这让我想弄清楚是否早在学校读书时，女性就把她们的婚姻市场预期纳入考量了。最高明的远见应该告诉女性，在学校待的时间越久，在未来她们需找老公时所遭遇的竞争对手就会越多（如果女性等到完成学业再考虑婚姻问题的话——而大多数人正是如此）。因为每个教育水平线上的潜在伴侣人数会逐级递减，而且大部分的男性更乐于娶比自己学历低的女性——当她们开始寻觅伴侣时已经不再年轻，相对地知识女性面临着来自低学历年轻女孩的竞争。

加拿大经济学家西尔万·德西和哈比贝·黛柏瑞对此课题进行研究并提出一种解释，男性从事主导型职业的人数相对女性占有绝对优势，于是女性觉得在年轻时提前步入婚姻市场，比晚参与该市场而面临失败的风险性小得多。

证据就是至少一部分女性选择更多地投资在婚姻市场而不是自身受教育方面，因为花在学校的时间如果延误了结婚，就是浪费掉几年的优质生育力。如果高知男性倾向选择年轻的低教育水平女性而非大龄知识女性，这会刺激女性在年轻时就离开学校，转而尝试寻求有良好教育背景的丈夫。

这对一些女性尤为明显，她们感到即便具有教育的比较优势，也得在家庭中相夫教子而不是投身于工作岗位。

不论是哪种方式，现在的情况导致知识女性面对婚姻时预期不尽人意，这让我感到很不平衡——市场通常在供大于求时显失公允。我可以想到三个会把这种失衡市场带回平衡的因素。

第一，男性增加他们在教育方面的投资以提高自身在婚姻市场中的地位。这可不是指十几岁的小伙子们在做教育抉择时把他们的婚姻

105

就算是好莱坞婚姻，教育因素也举足轻重

参考关于当代位居榜首的400名电影演员的婚姻现状，经济学家古斯塔夫·布鲁奇发现，男明星和女明星都喜欢与自身教育背景相似的人结婚。

在400名杰出电影演员表中的男性，2008年数据采集时有52%已婚。女演员的比例要低得多——仅38%，尽管这400位杰出艺人中女艺人的平均年龄是41岁。只有大约一半的已婚电影明星是与知名人士联姻的，因为对方不是同样的艺人就是模特、歌手、音乐家等等。已婚明星实际步入婚姻殿堂的平均年龄，男性是38岁，女性是35岁。而且艺人中还尚未结婚的大有人在（27%），还有一部分是曾经有过一段婚姻经历的（45%）。从比例上看，艺人们结过一次婚的比例比美国城市人口的平均水平略低，独身者比例则略高。此外，艺人们另一项略超出平均水平的比例是，结婚两次（20%）或三次（8%），这方面的差异小到可以忽略不计。

尽管我们主观臆断地认为好莱坞的婚姻都是短暂而频繁的，其实大明星们的行为和我们这些

DOLLARS AND SEX:
How Economics Influences Sex and Love

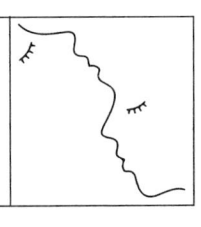

普通人没多少差别。电影明星们有趣的地方在于，和我们这些普通人不同，他们的收入水平与教育水平没有直接关系，倒是很多其他的在教室里学不到的技能影响颇大。在好莱坞的婚姻市场中，我们无法观测到情侣间教育背景的匹配度，但是其他的特性却可以增加收入——比如外形外貌。

奇怪的是即使在好莱坞的婚姻里，潜在伴侣的受教育水平似乎很重要；电影明星几乎都倾向于和自己同等教育水平的人结婚，这和大众的偏好不谋而合。很有趣，不是吗？因为这表示找到一个有相似教育水平的人可以给你的婚姻带来附加值，包括收入的指标。可想而知，有相似教育背景的人们对双方的收入水平是有共识的，甚至对于名人们来说，这种共性至关重要。

预期考虑进去,而是说我们有理由相信他们会将是否留校继续深造与自身前景联系起来。单凭这一理由,考虑到我们在第二章讨论的证据,你就会想到将有更多的男性选择进入大学深造。

第二,城里的知识女性会另辟市场寻找伴侣——乡村婚姻市场。出于同一原因,城市中知识女性数量远超男性,那么乡村地区的低教育水平的男性数量也会超过女性——因为女性逐渐迁移到城区去了。最近十年间,随着技术手段日新月异,受过高等教育的工作者,在选择实际工作地点上变得日趋灵活,如果女性准备嫁给受教育水平较低的男性——实际上,根据PEW研究中心的研究,当今女性下嫁低教育水平男性的比例(28%)要高于嫁给学历更高男性的比例(19%)。那么对于部分女性来说,在城区找份工作然后在乡村上班也许是一种解决方法。

最后一种可能性是,知识女性理所当然地会(并且一定会)宁愿选择单身而不是下嫁给一个缺乏教育和/或低收入的男人。因为这样她们是无法从婚姻中获得利益的——正如我们之前讨论的那样。而且市场可以提供很多她们所需要的(比如精子银行)。并且她们中很多人收入相当高,足以支持她们买到一些婚姻可以提供的产品和服务。对于多数女性来说,这是个完美的解决方案。

——一堂来自非传统婚姻和不婚族的课程

到目前为止我阐述的大部分不仅仅是异性恋,也包括同性恋。不过有一方面同性恋情是有所区别的;同性恋情中的两人因为是同性别而无须面对异性恋情中两人性别差异造成的薪酬脱节。这意味着在抉择投资多少在两人各自的事业上时,女同性恋者没有理由期待靠嫁给谁来获得更高的收入，这与异性恋情中的女性有着本质上的区别。

一项有趣的观察显示，女同性恋者的薪酬水平高于异性恋情中的女性大约6%至8%。一项专项研究曾试图通过了解女同性恋者的薪酬溢价来观察那些计划未来与男性结婚的异性恋女性是如何投资于她们的事业的。

根据现有证据，女同性恋者在平均水平上比其他女性受过更好的教育，多数是白人，主要居住在城市里，孩子更少，而且显著地更具专业素养。即使当研究人员剥离掉这些不同之处（除了性取向，在每个方面从本质上对比女性），女同性恋者获得的工资都稳稳高出普通女性。

可能的解释通常回归到我们之前已经讨论过的此类问题的比较优势上来——一种说法是因为男性历史上一直以来就在外工作并获得更高收入，女性则传承了操持所有家务的比较优势。

男性和女性薪酬差距固然在日趋缩小，可是如果一位女性相信自己最终会嫁给收入更高的男性，那么她就会较少地获益于可以使她在劳动力市场上具有优势的技能投资。这项投资就是经济学家所说的"人力资本"，这并不仅仅包括正式的教育——这是研究者可以通过数据掌握的——也同时囊括了各种各样的技能，而我们却很难通过数据观测这些技能可以从市场上获得更高薪水：例如，女性为了提升自身事业水平而付出的努力。

当女性没有考虑与男性结婚，而是期待未来与一位女性伴侣相守，也就没有动机减少投资与自身的人力资本。她们与同性谈恋爱时，对方的收入水平可能比自己高也可能比自己低。由于她们不会预期即将从有更高收入水平的丈夫那里获得维系家庭生产的比较优势，

婚姻巩固着经济等级体系

在婚姻市场的末端，情侣们似乎需要考量收入、教育背景、宗教信仰、身高、漂亮程度甚至是体重等特性。克尔温·罗飞·查尔斯、埃里克·赫斯特和亚历山德拉·沙沃尔德在近期的一项研究中发现，婚姻的附加要素中出现了一个重要指标：父母的财富。

如果我们随机地匹配一位男性给某位女性，他的父母资产少于1000美元，他可能仅有16%的机会娶到同样双亲财富少于1000美元的女性。但在现实中，有35%双亲贫困的男性娶了同样家境贫寒的妻子。

另一方面，如果我们随机地去匹配一位双亲资产超过100000美元的男性给某位女性，他仅有39%的机会娶到双亲财富同样超过100000美元的女性。相对的，实际上60%的男性娶了富豪家的女孩，而仅有7%的人娶了双亲财富低于1000美元的女性。

其实相对于各种原因来说，双亲财富在婚姻市场上扮演如此决定性的角色并不算是稀奇事。这大概是因为很多人都是在其父母的社交圈子里结实了未来的配偶，或者他们普遍对于有着相似财富背景的人更感兴趣。

DOLLARS AND SEX:
How Economics Influences
Sex and Love

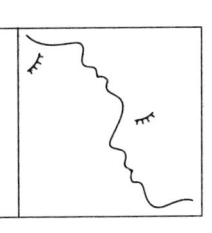

不过根据财富的婚姻分类有趣之处在于：由财富形成的阶层等级说明不同社会阶层人士从婚姻中所获得的利益是显失公平的。富有阶级从婚姻中的获利要远远超过贫穷阶级。考虑到收入（和教育水平）与父母的财富是直接相关的，有较高收入的人比起低收入人群更愿意结婚这一事实也就可以解释了。

此外，因为人们选择配偶的方式，富人和穷人的财富水平两极分化将会随着时间推移日益加剧。富有家庭的孩子不仅可以继承家长的财富，还能继承配偶家长的财富。穷人家的孩子不仅需要承担父母的债务，还要承担配偶双亲的。基于父母财富的婚姻阶级分层预示着，随着时间的推移，财富会逐渐集中到少数家庭手中并持续累积。

女同性恋者会投入更多去学习各种技能以便在劳动力市场上大显身手，也是情理之中的。

纳赛尔·达涅什瓦尔、杰佛里·瓦杜普斯和布兰德利·维默尔在一篇论文中巧妙地验证了该项理论。他们在两个独立的组里分别计算了女同性恋者的工资溢价——有过异性婚姻经验的为一组，从未结婚的为一组。这一设定是有原因的：女同性恋者如果有过与男性结婚的经历（大约44%的女同性恋者是这样的例子），曾经（大概）预期自己会有一位收入更高的伴侣。没有婚姻经历的女性可能也会有这样的预期，但平均水平上更可能的是预期会和另一位女性谈恋爱。

那么这一证据是否可以支持"女同性恋者的工资溢价是因为她们更多地投资于以市场为导向的技能而得到回报"的理论？好吧，当区分了女同性恋者是否有过一次异性婚姻经历后，有过婚史的女性相比其他的女同性恋者的工资溢价减少了大概17%，这个证据很好地支持了该理论。不过仍有5.2%的有过一次婚姻的女同性恋者，其工资溢价仍然很高。是什么原因造成这种情况始终困扰着研究人员。

有更进一步的证据表明，若女性预期最终会嫁人，便会降低投资于自己的事业。这次的证据来自有理由这么认为的一组女性，如果她们看一看数据，想必就不会结婚了——肥胖女性组。

健康经济学家海瑟·布朗观察到，单身肥胖女性薪资水平超过相似但体质指数（BMI）更低的女性。考虑到不论是已婚女性还是未婚女性，肥胖女性通常因为体重问题而面临较低的薪资，因此上述结果就显得有点不明所以。

在排除了其他影响薪酬水平的因素之后（职业、健康、教育、孩子数量，等等），布朗发现已婚男性和单身女性的工资率都与其BMI

正相关——体重越重的人收入也就越高。

在单身男性和已婚女性之中,他们的工资率与BMI则呈现负相关关系;这些男女体重越重工资就越低。

布朗论证为什么已婚男性在体重飙升时收入也更高,甚至超重都不会影响其在婚姻市场上的位置——而超重问题在市场上会成为女性的极大劣势(比如导致她们无法找到伴侣),因为这会激励他们投入更多精力发展事业,来补偿自身欠佳的形象给妻子造成的不良影响。

法国经济学家安德烈-皮埃尔·基亚波里、索尼亚·奥雷菲斯和西芒·昆塔纳-多米克的论文中使用了来自美国和九个欧洲国家的数据,他们使用权衡理论阐明这一问题,这我们在第三章已经讨论过了。他们发现一个普通男性每超重22磅/10千克,就要提高薪资1%来补偿自己的妻子。然而超重的女性则在婚姻市场上处于绝对的劣势。她们不仅很难顺利结婚,即便是结婚了,对方也大多是低收入的男性。随着已婚女性的BMI指数的逐步增长,她们的丈夫收入水平就逐步下降。

这也许是因为她们在自己的职场生涯投入更多,来补偿未来的潜在配偶娶自己这样的超重女性所付出的代价。有证据显示她们这样做也是可行的,尽管这种方式的效率远远低于男性。

看起来女性相信将来可以嫁个有钱人,所以就很少投资于自己的事业,这个解释是正确的。因此,充分了解暗藏在已婚夫妻组织家庭提供产品和服务背后的经济学理论,不仅有助于解释为什么人们结婚时会考虑父母因素,而且(在某种程度上)也解释了劳动力市场中,横亘于两性之间那惊人顽固的薪酬鸿沟。有人很武断地认为性别薪酬差异完全归咎于对雇员的差别对待,可是这似乎仅能解释部分女性的婚姻一直造成女性普遍意义上更低廉的劳动力和薪资。

——监狱服刑可以有效降低结婚率

根据皮尤研究中心的研究,在1970年62%的黑人女性（年龄在30至44岁之间）已经结婚,相比之下在2007年该比例降至33%。黑人男性的结婚率也同样降低；在1970年的结婚率为74%,到2007年降为44%。

正如其他知识女性一样,黑人女性也在寻觅受过良好教育的配偶时遇到困境；57%的黑人女性上过大学,而只有48%的黑人男性上过大学。由此可知,拥有大学学位的黑人男性更可能比连中学都没上过的人早结婚,这不足为奇——大学毕业生结婚率为55%,中学学历以下的结婚率为27%。

教育水平差异并不能彻底解释黑人女性如此之低的结婚率,研究人员认为结婚率下滑的另一种可行的解释是,黑人男性的监禁率要远高于黑人女性,或者说在这件事情上高于其他任何人。如果黑人女性对于嫁给黑人老公有强烈的执着——事实上有96%的黑人女性嫁给了黑人男性,那么高监禁率就对黑人女性在婚姻市场上不利。这一事实不仅是因为黑人男性因监禁而"缺席"于相应群体,有前科的男性也会在寻找高收入工作来维持日后家庭生计上难上加难。

在20世纪80年代末期的"只要说不"运动中,美国本土加大了对贩卖毒品的打击和制裁的力度。在那个时期,尤其是随后的20世纪90年代中叶,美国的监禁率稳步增长到如今的世界最高。这不仅仅是因为更多的人被定罪,还因为更长的判决期每时每刻都在增加服刑的人数。

2004年，监禁率涨幅惊人，年龄在25到29岁之间的全部黑人男性中增长率为12.5%，西班牙裔同龄男性中的增长率为3.5%，白人男性则为1.7%。如果女性在居住地寻觅未来丈夫的话，该地区的高监禁率会直接导致她在婚姻市场上处于劣势。

克尔温·罗飞·查尔斯和骆明庆的研究提出的证据显示，监禁率每增长1个百分点可导致女性成婚率下降2.4个百分点。他们论述称在1990年间下降的婚姻率中有13%完全是因为男性服刑率的增长而造成的。黑人女性深受男性的短缺问题拖累，增长的监禁率致使在1990年黑人女性结婚率下降约18%。

如果监禁和不同性别受教育率的差异能够解释越来越低的黑人女性成婚率，那么又怎样解释受过高等教育的黑人男性成婚率也比过去低很多这一事实呢？他们的成婚率据推测应是升高而非降低的，因为他们相对于那些寻找有教育背景的丈夫的女性来说，仍然是稀缺资源。奇怪的是事实却与推论相悖。

恰恰是因为女性过剩时，受过教育的黑人男性在婚姻市场上具有更高价值，数量相对稀缺，这就赋予他们在随意约会和性行为的市场上绝对的强势地位。受过良好教育的黑人男性根本不会去担心晚婚是否影响将来的婚姻，而且可以根据自己的想法任意选择，在打算结婚前他们大可以在自由的性行为市场尽情享乐到厌烦为止；于是作为性别比例失衡的结果，这些男性的结婚率从任一时间点来看都始终处于低位。

——本章结语

我不希望自己的经济学婚姻誓词被推而广之，不过也许这的确能

接受教育有利于不同人种通婚

现在有个有趣的问题,即人们面临如下情况时会怎样选择配偶:有共同的教育背景,或者属于同一人种。

依据美国人口普查的数据,迪莉娅·富尔塔多和尼古拉斯·泽奥多洛保罗斯发现男性或者女性受教育的年限每增加一年,他/她与同肤色人种结婚的可能性就会相应降低1.2个百分点。

这就是说,人们接受的教育越多就越倾向于与外族通婚。考虑到受过更好教育的人更可能在生活和工作中脱离原有的社会圈子,通婚似乎也就在情理之中了。

然而有趣的地方是,如果某个种族的平均教育水平提高,这种与更高教育水平的人还是与外族通婚的取舍关系会随之消失。事实上,同种族人口的教育平均水平——相对于同居住区其他人口来说——达到一个高层次时,人们会更加倾向于与本族人结婚。

例如,生活在西棕榈滩的危地马拉人,比其他的人要少接受七年的在校教育。当地的危地马拉人每增加一年的受教育年限,与同为危地马拉族人结婚的概率可以降低五个百分点。所以在当地,更高的教育背景会赋予本地

DOLLARS AND SEX:
How Economics Influences
Sex and Love

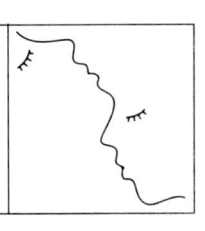

人更多的与外族通婚的机会。

　　相对的，居住在匹兹堡的印第安人比当地其他人口的教育平均时间多四年。在当地的印第安人每增加一年的受教育时间，与本族人结婚的概率将增加将近两个百分点。所以在这类人群中，学历更高会降低他们与外族通婚的概率。

　　经济学家倾向于假设父母会为子女选择能使其未来潜在收入最大化的受教育水平，但是也有一种可能性是，如果家长有强烈的意愿让自己的孩子在同族间联姻，那么他们就会选择能够使子女与同族联姻的可能性最大化的受教育方案。这类接受不同教育水平的选择将会充分地作用于子女未来的生活富足程度。了解同族婚姻与学历水平之间的关系，也许可以解释为什么我们能看到不同的种族群体对于子女的受教育投资存在如此大的差异。

提醒大家明白一个道理——没有人是完美的。举例来说，我很渴望能找到一个和我教育背景相当的男人，这样我们两个人更有共同语言，当然是好事。不过如果我遇见某位受教育程度比我低但是外形格外俊朗迷人的男士时，我大概会改变心意的。我愿意达成这样的婚姻，不仅仅是因为颜值高的男人十分养眼（当然这也是事实），而且也因为我希望找到一个更适合白头偕老的男人。当然，要是这位男士既有高学历又英俊潇洒那就完美了，不过这并不现实（或者说，更重要的是，我找不到这样的男人愿意和我结婚），那么我就不得不抉择哪一点对我来说更重要——外形还是内涵。

之前我已经论述过，抛开对经济因素的考量，我们对于周遭世界的理解是不全面的。当我们在寻找途径去了解人们是如何选择伴侣时，这种不全面性就更加凸显。经济学理论中最重要的一个概念是机会成本——当我们在选项中进行取舍后将失去的某项潜在利益。投入到一段浪漫的关系中表示这个决定带来的利益要大于其机会成本——利益来自选择另外一段关系，或者干脆保持独身。

机会成本服从于经济学因素，于是它会随着经济进化而进化。看透这一点后我们就不会惊讶于教育水平已经成为收入的决定要素了；比如男性在职场上优于女性的比较优势已经日趋消退，比如对技术工人的需求增加了其进入城区环境圈的机会，再比如说我们在父母方面的选择也已经改变。

所有这些经济因素共同形成了当代婚姻，也将在未来继续作用于婚姻。深入认识到这一点是非常重要的——在我们理解了经济学因素和婚姻双向作用的事实之后——两性对婚姻市场的各种可能性综合考虑并作出经济决策。展望未来，性别工资和教育差异的演变（这仅仅是举出经济学要素的其中两个）逐渐成形——在某种程度上来说这是通过婚姻市场上的个人行为演化而来的。

一旦人们结婚了，最重要的机会成本并不会随之消失；婚姻市场上个人的价值越高（或者更确切地说，再婚市场），他们在婚姻市场上交易的主动权越大。这是第六章的论题，届时我们会先花些时间探讨一下婚姻制度——从法律和社会观念这两个角度进行论述。

第五章　婚姻是一项良好的制度

——婚姻首先是一项制度

梅·韦斯特曾说过一句名言："婚姻是良好的制度——只是我还没有准备好投身其中呢。"她是对的；婚姻的确是个良好的制度——从经济学的角度看。制度之于经济学家是简单化的规则和信仰，它支配着人类的行为。所以当社会学家和人类学家花费近五十年时间辩论婚姻的定义时，经济学家则宁愿去了解婚姻中每个人的分工，用来定义人类群体中的家庭。

将婚姻作为制度进行有效的思考，这意味着"已婚"并不是铁律；不论不同地域上还是不同群落中，都存在着种种差别；更重要的是，它会随着年代变迁而不断变化。身处群体中的个人是无法选择当地的婚姻制度形式的——它是由群体中的某些因素共同作用而成——其他的一些因素，比如经济因素，循序渐进地决定了制度的走向。

例如，历史上大部分的社会群集将婚姻认作一名男性和多名女性的组合：异性恋的一夫多妻制。一小部分对婚姻的认知是一名男性和一名女性的组合：异性恋的一夫一妻制。极少数社会群集是交叉界定的——比如多夫多妻制（多名丈夫和妻子）和一妻多夫制（一名妻子与多名丈夫）。

如今大部分国家在现实实践中都将一夫一妻制作为婚姻的合法结构——婚姻这一形式是更形象的描述"持续性单配偶制"的代名词；这是一种一名男性或女性可以有多名妻子和丈夫（高效率多配偶形式），但是在任何时点仅被允许与一名伴侣成婚的体制。

当我们对比以一夫一妻制为惯例的国家的经济时，可以发现世界上的工业化国家无一例外地都废弃了一夫多妻制这种婚姻制度。这个经济学上的谜团我将稍后揭晓答案，不过它的确揭示了国家经济属性与政府认可的婚姻制度之间的关系。

第二个例子是关于经济与另一情形之间的关系——世界上的富裕国家在婚姻制度上自发地承认两名男性或者女性之间的婚姻（同性一夫一妻）合法化。这些国家的每位公民都对同性夫妻婚姻（或者从某种意义上是民事结合）的合法性有认知，尽管他们并不一定都认同这种同性夫妻是自己理解的"婚姻"。制度上的变革也并不需要群落里的每个人都赞同；一项法律框架中的变更（例如条例）需要的仅仅是制度变更的施行。

同性夫妻制与国家富足程度直接相关，比起持续性一夫一妻制与国家富足程度直接的关系来说，倒是没有那么难以理解；原因之一就是这样的国家有积累财富的能力，就是因为它更尊重国民的人权和自由，并营造一个适合多元化创新的氛围。对国民权利和自由的尊重同样促进了倡导同性婚姻的运动，这类运动最终赢得了同性一夫一妻婚姻的合法化。所以经济发展并没有使同性婚姻成为可能，而是制造了

婚姻简史

我们的古代祖先如何形成婚姻关系是与他们积累食物的方式直接相关的。

早期掠夺者(从五百万年前到一百八十万年前)居住在原始的游牧部落,并不存在长期的交配关系。男性与女性发生多方的性行为,以分享食物的方式来交换性行为(顺便一提,此处所述不仅仅是双性的,也包括同性伴侣)。由于食物包括水果、坚果和昆虫,它们在照料并保护幼儿时仍然可以采集到,男性并不需要作为保护者或者供养者,结婚便是多余的。

随着气候变暖和森林的逐渐消失,人类开始迁徙进入热带草原,在那里他们的食物包括采集的蔬菜、捕食者狩猎后剩下的腐肉以及最终人类通过使用工具狩猎得到的猎物。饮食结构中增加的肉类使婴儿出生得更早并且需要母亲更多的照料,以确保幼儿顺利存活。资源在男性之中被平均分配,而结果就是,一夫一妻制成为当时流行的婚姻结构(在一百八十万年前到23000年前)。的确,在那个年代对于婚姻最贴切的描述是持续的单配偶制,即夫妻只会与对方生活在一起并且

DOLLARS AND SEX:
How Economics Influences
Sex and Love

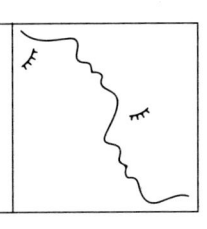

持续时间足够长,以确保他们的后代能够存活下来(为期数年)。

在23000年前到10000年前,人类开始转化为农耕型——自行种植食物。40000年前犁的发明促使人类分工明确化,男性和女性变成各司其职。农业型生活同时意味着男性可以积累财富,旧时代中男性之间的平均分配随之终结。尽管这听起来不公平,但是一夫一妻制的盛行很可能是由于荒野生存的方式中丈夫发挥的作用并不会大于妻子。

另外有一种理论——由布鲁克斯·凯撒和我提出——人类具有生物学上固有的一夫一妻制,因为这是确保下一代生存下来的最佳制度,而且农耕的特有形式,尤其是畜牧业,鼓励了婚姻制度的存续,尽管男性之间的分配变得不再平均。这是因为在农业鼓励一夫多妻制时,乳畜动物产生的配对激素却促进了一夫一妻制。

支持该理论的证据来自于那些有大量养牛场的区域,比如欧洲多见一夫一妻制,相对的,像非洲这样的地区一夫多妻制则更为普遍。

国家走向富强的可能性，也同时使这些国家对于婚姻制度的变革抱有更加开发性的思维。

在更加深入地探讨制度之前，请允许我先举一个例子来讲述不同家庭如何选择他们的婚姻形式和这些个体选择转化为社会接受范围内的组织形式这两方面，经济扮演着怎样的角色。

——比尔·盖茨的房子有自己的维基百科主页

根据它的维基百科主页，比尔·盖茨的家是一所拥有66000平方英尺的宅邸，昵称世外桃源，这名字起源于传说中一位名叫查尔斯·凯恩（电影《公民凯恩》中的主人公）的隐士拥有的房子。盖茨和其妻子梅林达居住于此，这样看盖茨至少不会像凯恩那么孤独，原著中凯恩独自一人居住在这所行宫的原型——一所哥特式建筑之中，直到死去。

我希望你想象一下这样的虚拟场景：假设在这样硕大的豪宅里只有比尔·盖茨夫妻二人，这实际上让他感到些许孤单，于是有一天他决定要再娶个老婆，毕竟这所大房子足够容纳多个家庭。那么谁是这个决定的受害者呢？

肯定是梅林达·盖茨，她本应该是唯一的合法妻子，经济上也很富足，所以现在她在心理上当然难以接受。很难想象这所宅子里多出来的这位妻子会以怎样的方式削减本该属于她和她的孩子们现有的资源。然而即使在梅林达决定嫁给比尔时就预计到比尔最终会再娶其他人，那么无论她是否是他唯一的合法妻子，她能够成为大富豪比尔的发妻，仍然比她的其他婚姻选项还是要好得多，比如嫁给某个绝不会再娶别人的普通男人。

这个论点也许听起来有悖直觉，因为我们很难想象要怎样生活在一个一夫多妻的家庭里，但是事实是，如果梅林达已经在婚姻中预期到会有第二位妻子，并且已为自己和自己的孩子们做好了最有利的决定，那么在选择假设中的一夫多妻的比尔时，她会透露出自己乐意与比尔结婚而不是其他男人，尽管这需要忍受第二位妻子。

比尔找到并娶的第二位妻子，我们就叫她娜塔莉，会比任何时候都变得更加富有。她和这个世界上最为富有的男性之一结婚了，她和她的孩子们从此衣食无忧。也许她并不想做"小老婆"，不过同样的，如果她明白在自己选择嫁给比尔之前，他已经娶了梅林达，只要她能使自己和孩子得到最大的利益，那么比起其他选择来说比尔仍然是不二之选。她当然可以选择做其他男人的唯一妻子，可能是穷苦得多的单身汉，但事实是娜塔莉选择做比尔的"小老婆"说明这个决策是她最满意的。

比尔大概是最大受益者。他完全养得起成群的妻妾，所以资源对他根本不是问题，实际上他决定娶第二位妻子也表明他更倾向于有两位妻子而不是只有一位。

这听起来好像是在这个虚构的一夫多妻制家庭里，这所世外桃源更适于这种婚姻形式而不是现实中的一夫一妻，假如他们都愿意这样做的话。这并不表示一夫多妻制是他们的理想生活，尤其对女性来说，但是这的确意味着以她们的特质使这样的婚姻关系成为可能，甚至是更佳选择。

所以，下面是我的第二个问题：如果男人十分富有，就像比尔·盖茨，可以找到多名女性作为妻子，而且这些婚姻关系中的每位成员都获得财富，那么为什么美国的法律还要阻止这种形式呢？或者换个角度来讲，为什么富足国家中，富人数量要远多于穷人，却还是形成了一夫一妻制的婚姻结构？

这些问题的答案可以归结为两个因素。

第一，梅林达·盖茨是一位聪慧的知识女性，而在工业化国家中，教育背景和智慧都具有极高价值，这使她在婚姻市场上有着强大的竞争力。她完全可以拒绝作为两名妻子中的首位，因为她有足够的能力找到一位愿意娶她并相守终生的未婚男士——也许会穷一点。当然，他也许不是什么世界首富，但是我觉得梅林达宁可放弃一大笔财富也不想和其他女人分享自己的丈夫。

这意味着比尔如果想要一位肯做两个妻子之一的"大老婆"，他不得不选择一位没有梅林达那么聪慧和受过良好教育的女性。这也许看起来是个不错的主意，但是如果他想要聪明且受良好教育的孩子的话，从经济学角度来看，这两个特性就具有更高的价值，这会让他放弃第二个选择。当然，一些富有的男性也会娶缺乏教育但是极为迷人的女人，但是那些女性也拥有十分理想的市场竞争力，也同样有能力找到其他的坚持一夫一妻的如意郎君。

所以我猜测，即使法律允许他有更多的妻子——由富有的男性形成的国家制度，比尔依然会选择仅娶一位妻子，就像他现在这样，历来更倾向于有一位理想的妻子而不是几位不太理想的妻子。富有的男性在选择妻子方面表明了质量远胜于数量的意识。

如果情况属实，关于"为什么美国的法律禁止那样的婚姻关系？"答案就可以简单地概括为经济因素导致社会规范是每位男性仅能娶一位妻子，而作为立法者，在联邦建立的初期就把社会规范简单地写入法律之中。

正如我曾说过的，有两个因素可以解释为什么富足的国家更推崇一夫一妻制。为了理解第二个因素，我们需要想到在这个虚构的故事里，还有一个人至今为止我们都没有考虑到：如果娜塔莉没有嫁给比尔，那么她会嫁给谁。让我们就叫他查尔斯。

很明显查尔斯会因为比尔决定实践一夫多妻而变得境况很糟——与比尔决定继续一夫一妻相比。查尔斯也许需要另找一位女性结婚，现在他理想的妻子娜塔莉嫁给比尔了，那可是他心目中妻子的不二人选。

现在查尔斯只能去娶一位退而求其次的妻子，另一位男士——没能娶到自己首选妻子的人——如今也只好退而求其次了。从首富到赤贫的男性链条持续传导，直到该链条末端的男人根本没机会娶到老婆。

如果男性和女性在一夫一妻制的社会中人数相等，那么这种数学上的现象就会实现，真的会有部分男性被市场淘汰出局（当然还有性方面），起因就是这种婚姻结构。

立法者（坐拥绝大部分财富和权力的男人们）会将一夫一妻制制度化，想想就觉得挺奇怪，这有效地迫使女性去嫁给更穷的男人，可是他们自己原本可以从一夫多妻制中获益。不过在民主政治，甚至是其他政治体系中，立法者立法时，普遍会考虑到如果促成部分愤怒、未婚的独身男人存在，将是很不利的。体制化排斥一夫多妻制的这一情况还有第二种可能的原因，就是为了安抚广大较为穷苦的男性，使其免于承受被剥夺基本的性权利这一后果。

在我解释这个故事的经济合理性基础之前，应该先讲一讲那个虚构的世外桃源的居住者，查尔斯·凯恩，他大概是带着伤心，孤独地在这所房子中离开了人世，不过事实上他曾经结过婚——两次。当然他并没有合法地同时娶两位妻子，而是像其他很多的富人一样，保持着本质是一夫多妻制的生活多年——同时有一位妻子和一位情妇。我想大家都知道这样的故事结局——至少在好莱坞电影中是——糟透了。

凯恩的故事说明，即使一夫多妻制度化，没有信仰和持续性的一夫一妻制同时存在，也会使社会大众对富人变更婚姻状况的选择表示不宽容。我们可以在第八章讨论此问题，届时会讲到经济如何左右信仰。

——一夫一妻制算法

经济学分析是基于逻辑嵌入数学得到的，如果我在本书中没有和读者先分享一些经典数学模型的话，恐怕很难继续讲解下去。考虑到这一点，让我先来阐述一个模型用于描述特定情况下经济学是如果用于决策当前是不是可能的最优情况。这个概念叫作帕累托效率，在帕累托观念中，一个最优安排是指，没有其他的安排可以使某些人得到更有利而其他人会遭遇更不利的情况。在经济学家的世界观中，帕累托效率的标准用于决策政府是否应该变更法律，比如实行一夫一妻制或者禁止同性婚姻。

我亲切地称自己接下来的说明为"一夫一妻制数学模型"。

所有的经济模型都会用一些独特的符号来代表特殊意义。"一夫一妻制数学模型"也不例外，这里我们将用到四种符号，每种代表一位男性或女性。

第一组两个符号中的女性在模型中表示两位没在找老公的未婚女

性。她们有可能快乐或者不快乐：

☺♀ ☹♀

☺♂ ☹♂

$$$ ☺♂

$$ ☺♂

$ ☺♂

第二组两个符号代表模型中的两位男性，他们是没在找老婆的单身汉，同样也是可能快乐或者不快乐：

简便起见，我们假设所有的女性都很确信，男人无论娶到她们之中的谁都会感到快乐。而男人们能够给婚姻带来什么却存在差异。这种差异可能是收入——我将在此讲述，不过差异也可能是其他的某些东西：优良基因，悉心照料——可以说是女性在寻找伴侣时所预期的任何因素。

如果在这个经济学假说中有三名男士，我们可以把他们按照给婚姻带来的东西将其划分为三档，就像下面这样：

简易模型中的每个人都是会结婚的，而且男性和女性以结婚为目的的见面方式是随机配对（把这想象成速配约会场景）。男士们都会因为能和自己心仪的对象结婚而高兴，不管对方是怎样的女性，都愿意与对方结为伴侣。然而从女性方面来讲，快乐还是不满就取决于她的未来伴侣能够给婚姻带来的利益是多还是少。想象一下，随机匹配的夫妻大概会是下面这样：

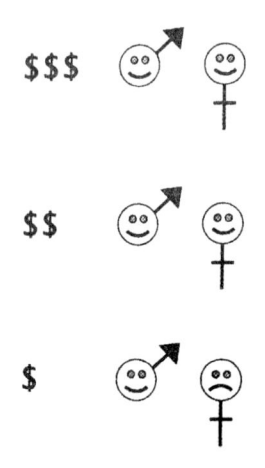

$$$　☺⃗　☺♀

$$　☺⃗　☺♀

$　☺⃗　☹♀

这里的每个人和伴侣在一起时都很愉快，除了一位女性，那位与给婚姻带来最低利益男性匹配的女性。

有什么办法能让她高兴起来呢？

如果一夫多妻制被允许，她可能会拒绝目前的婚姻，转而寻求能给妻子带来很多收益的男人的求婚，这大概可以让她快乐起来。也许这样的安排会令富人的原配妻子不开心，但是在一夫多妻制度化的社会中，她也许早有心理准备——自己的丈夫总会在遇到其他合适的女人后娶她进门。假设她能够接受这一点，那么比起嫁给其他两档男人，嫁给这个富人还是会令她更开心一些。

一夫多妻制社会和男性之间资源的不均分配通常会让婚姻呈现如下情况：

$$$　☺♂　☺♀　☺♀

$$　　☺♂　☺♀

$　　☹♂

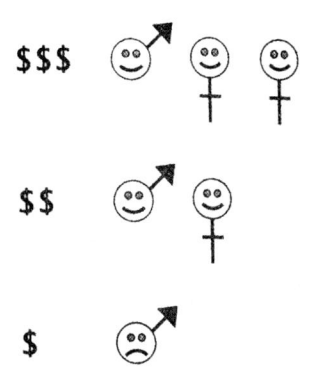

每个人都对自己的伴侣满意，如果他或她有伴侣的话，只有收入水平在底部的穷人孑然一身。

这个简易模型的重点是什么呢？好吧，用经济学判断一项政策的有效性，要求一方的优化不能使另一方恶化，这需要考虑到人员之间最初的资源分配。该假设既不需要每个人都满意自己的分配，也不需要公平待遇。

我们这个简易模型中的婚姻体系是否可以被定性为帕累托最优？或者比如通过推行一夫一妻制得到改进？

推行一夫一妻制的确可以使能给婚姻带来最低利益的男性快乐起来，因为在这种婚姻制度下，最初与其匹配的女人就不得不接受他的求婚——她总得嫁人嘛。于是穷男得到了利益，女人却损失了利益，因为这不是她想做的抉择——如果她能够选择嫁给更富有的人的话。这表示现行的一夫多妻制是帕累托最优的。当然这并不是最完美的结局，仍然有人会不开心，可这的确是我们能给出的资源最优分配。

应该指出，在我们这个简易模型中是以一夫多妻制度化为前提的，所以情况符合帕累托效率。在社会中推行一夫一妻制可能从某种意义上是强迫女性嫁给资源分配利益最低的男人，这很明显，但是也

何时卖淫活动变得比婚姻更可取

在我们的模型中，与穷男配对的女性只能在做穷人的唯一妻子或是富人众多妻子之一这两者中择一而从。尽管这种选择还包含了其他可能性——她可以找不止一位穷人（比如两兄弟）然后同时嫁给他们两人，这可以给她带来更多的资源，也能使每位男性都有妻子。出于这种原因，社会如果允许一夫多妻制，也应该同时认可一妻多夫制才是比较合理的。

事实是几乎不存在这样的制度分配。

由经济学家莉娜·艾德兰德和伊芙琳.科恩提出的一种可能的解释是，当让女性选择要么成为多名丈夫的同一妻子，要么成为一名丈夫的众多妻子之一时，一些女性会说："还是算了吧，我还不如去当妓女呢。"

正如我们所熟知的，一夫多妻婚姻制导致很多男性不能顺利结婚。可是未婚男性仍然有性需求，除非他们通过与已婚女性发生性行为解决（毫无疑问这种情况时有发生），这些未婚男性唯一的可行选择就是去找妓女发生性关系。

结果演变为一夫多妻婚姻

DOLLARS AND SEX:
How Economics Influences Sex and Love

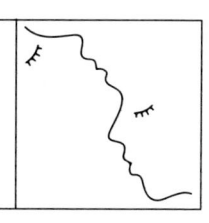

制促进了对妓女的需求,这使得男性为性行为愿意支付的价格普遍上涨。这种价格的上涨鼓励了女性选择卖淫超过选择嫁人,最终一夫多妻制社会中存在大量妓女——这解释了为什么一夫多妻制很少能和一妻多夫制共存。

当价格足够高时,女性拒绝嫁人,转而愿意出卖自己的肉体,这听起来的确令人吃惊,但是史蒂芬·列维特和素德·阿拉底·文卡特斯在芝加哥卖淫业研究课题中观察到,在六月的第四个周末市场对卖淫活动的需求增加,一些之前并未从事卖淫活动的女性因为更高的价格转而开始卖淫。

此外,同一逻辑可以解释为什么在中国,在男性数量远远超过女性数量的地区,很多女性沦为妓女而没有结婚;市场中过量的男性使得投身性交易所能得到的利益足以让女性愿意放弃通过结婚得到的利益。

成全了那些现下境况很糟的单身汉。

既然如此，一夫一妻制也在某种意义上具有帕累托效率，如果用它代替一夫多妻制的话，也许未能满足标准：部分人状况会转好（富人和他的妻子们），代价是另一部分人情况恶化（穷男人）。

需要指出的是，如果一个社会体系是一夫多妻制，女性也被允许自由地拒绝她们不喜欢的婚姻，那么推行一夫一妻制是帮助男性，却损害了女性的利益。这是因为一夫一妻制迫使女性嫁给那些她们不愿嫁的男人——如果她们有其他选择的话。

其次，男性之间的资源分配越不平均，越会诱使女性想成为一夫多妻制家庭的一员。在一夫多妻制家庭中，资源是被大家共享的；不仅仅是在多名妻子之间，也同样包括她们的孩子。假如最富有的男性拥有的资源比最贫穷的男人多50%，这一贫富差距仍不足以形成一夫多妻制，因为"偏房"嫁给穷人得到的利益并不少于做"小老婆"能得到的。使女性选择作为侧室的唯一条件是富有男性拥有的财富具有压倒性优势——至少是穷人的两倍或者更多。

我早先提到过，在富裕国家中缺乏一夫多妻制是个谜，这个模型正好解释了其原因。当代富裕国家众多特征之一，是他们的两极分化严重。比如，美国最富有的男人们可不仅仅是比最贫困的男人富有两倍、三倍——他们的富裕程度要远远超过中产阶级几百倍。

如果富豪拥有的妻子数量具有重要意义的话，那么富裕国家恐怕早已将一夫多妻制作为基本国策多年了。而实际上他们需求的复杂程度并未超出我们的模型所给出的经济学解释。

——放之四海而皆准的真理：一个钻石王老五肯定想要一位妻

子……或者两位

当代富庶国家为什么没有形成一夫多妻制,一种可能的原因是,有史以来富人都会比穷人多很多子嗣。这不仅仅是说富人会生更多小孩子,他们的确如此,而且因为平均而言成功男士更加倾向于比穷人生更多儿子。[在这一论点上美国历任总统的儿女比例就是一个很好的例证,不过最近三任总统(都没有儿子)确实是扰乱了这些数据。]如果在过去富有的男人注重自己儿子们的利益的话,那么他们就会支持一夫一妻制,尽管他们的内心还是渴望一夫多妻的。

无论谁读过历史上著名的浪漫主义小说,比如简·奥斯汀写的那些,都会了解到过去富豪家的儿子们是不可能靠自己变成富人的。像乔治·克拉克和吉莉安·汉密尔顿这样的经济历史学家表示比较富裕的地主阶级,在英格兰工业革命之前,有更多的孩子活到成年,不过这些孩子中的大部分后来变成了较低的经济阶级;继承法比较偏爱长子,次子们基本上都要自谋生路。

身为一位富有的父亲也许更希望自己有不止一位妻子,他也可以游说立法机关允许这种情况,一夫一妻制也许减少了他的子嗣数量——那些无法继承财富的次子们,本来也会结婚并组建家庭。即便这些次子结婚了(不管怎么说,他们也不沦落到社会最底层,只是比自己的长兄要穷),一夫一妻制确实削减了够资格成为贵族儿子之妻的高贵女性人数。所以一夫一妻制迫使之后几代男子不得不迎娶低层女子为妻,因为出身显赫的女孩子们仅够嫁给最富有的男人为妻。

正如继承法将男性的大部分财产都分配给他的长子以预先避免家庭财产上的冲突,法律上施行一夫一妻制也预先避免了家族基因上的冲突。

一夫一妻制是否驱使我们酗酒？

对此我深表赞同：要是让我生活在一个和别的女人共侍一夫的家庭中，那我只好借酒消愁了。现实是，在发展中国家一夫多妻制中的个人，摩门教徒或穆斯林传统信众，这两者都是禁止饮酒的。那么一夫一妻制与酒精消费之间存在什么联系呢？难道只有一名伴侣会促使我们酗酒吗？

经济学家玛拉·斯奎恰里尼和乔·思文在一份美国酒类产业经济学家联盟的工作报告中抛出这个问题，并且发现工业化前的社会将一夫多妻制作为广泛的婚姻制度时，酒精的消费要低于那些将一夫一妻制作为婚姻制度的社会。他们还发现，一些国家从一夫多妻制为主体过渡到一夫一妻制为主体的社会，酒精消费也随之增长。

这两项事实显示出一夫一妻制与饮酒存在着一定的关联。

在跳到结论之前，我要指出还没有证据证明一夫一妻制使我们喝更多的酒，或者多饮酒使我们更乐于一夫一妻。事实是一夫一妻制和酒精消费只不过存在一定关联罢了，仍然有一些第三方

DOLLARS AND SEX:
How Economics Influences Sex and Love

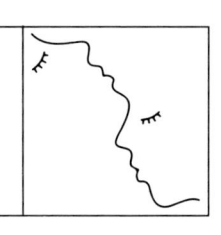

因素，比如工业化，独立地造成现代社会过渡到一夫一妻制和酒精消费增长的现状。

我们已经知道为什么一夫一妻制在工业化经济体系中更为普遍，但作为结果的酒精消费也是源于工业化的。技术革新在工业化进程中逐步使得量产廉价酒精成为可能，而且给予家庭足够高的收入去购买赖以生存的衣食住行以外的商品——像酒精这样的奢侈品。工业化进程也促进了都市化；住在城市中的人有更多的机会去购买酒精，保证了发展饮酒文化的原动力。

当然，这还不能解释为什么两种显赫的宗教制度认可一夫多妻制的同时禁止饮酒，但是经济学调查也有自己的局限性，也许宗教教义本身就适合设定各种戒律。

延续同一思路，一夫多妻制增加了对妻子数量的需求，这就有效地抬高了妻子在市场上的价值。毫无疑问，中产阶级或者更低阶级女孩子的父亲会乐于看见自己的女儿们嫁到比他们更高的阶层；不过我很好奇高阶层女孩子的父亲对于自己的女儿只能是众多妻子中的一个这件事是什么看法。的确他们的女儿是更好的人选（比如很多女性都有机会嫁给国王），但是如果强迫一位女孩在其家庭中与很多位妻子竞争，那么对她而言最好匹配的政治价值就被侵蚀了。

在为什么富裕的西方国家过去没有推行一夫多妻制这个问题上，上面是一种合理的假设，但这不是唯一假设。第二种假设是大部分欧洲国家有着持久的分权割据历史，而一夫一妻制是给广大群众的一份礼物，用以确保他们继续支持统治阶层。

1903年乔治·萧伯纳在他的《致革命者的箴言》中提出主张，他写道：

"任何婚姻体系一旦导致大多数人民独身，都将以其践踏伦理道德为托辞，被猛烈地推翻。一夫多妻制，在当代民主条件下，比如摩门教徒，就被大量低阶被迫独身的男性推翻——那时母性本能驱使女性选择作为十分之一去分享最上等阶级男性，而不是独享一位第三流阶级的男性。"

就算没有民主制度，明智的独裁者也会推行一夫一妻制——如果他想保住脑袋的话。经济学家尼尔斯-彼得·拉格罗夫发展了一个模型来建立这个概念：独裁统治者会施行法律以禁止一夫多妻制，尽管自己也要付出仅能娶一位妻子的代价，但为了使广大民众趋于和平也是值得的。

正如我之前提到过的，由于高度的不平等，富人可以有多名妻子，因为女性会选择成为富人的"二房"、"三房"甚至"四房"，也不愿意做穷苦人唯一的妻子。在一个有很多富豪的国家里自己是个穷人，这是一回事；可是富豪们三妻四妾左拥右抱的时候，自己却连结婚的可能性都没有，那可是完全另外一回事。当贫富不均同时体现在财富和性这两方面时，民众起义就会推翻国家的统治者。这种情况下统治者虽然想坐拥众美人，也不会蠢到为此付出被暴动民众砍头的代价。所以他们会推行一夫一妻制到所有人，试图以此安抚民众。

统治者希望确保自己的统治稳固，同时也希望他的统治能够在子孙后代手里得以延续下去。法律也会随着君王宝座上统治者的想法而改变，比如他通过推动建立教会来推行一夫一妻制，那么他就能更好地在现在以及将来推行法律。通过鼓励教会的建立将一夫一妻制推行为国家的道德标准，当代统治者可以赢得国民更好的拥护，这比简单随便改变法律要明智得多。

过去这一切以及工业化国家迄今为止一夫一妻制的延续，扩大了贫富差距和收入水平的两极分化。一夫多妻制在历史长河中出现转折，其解释是在工业化国家中我们下一代的价值；此外，简单地去解释为什么西方国家没有一夫多妻制，可以说即使我们改变法律认可的婚姻制度——变成多名配偶制，大部分家庭还是不会选择一夫多妻制——合法性并非主因。

——迷一样的一夫一妻制

令我们始终迷惑不解的是，面对收入多寡的差距日益拉大，一夫一妻制却迷一般地屹立不倒（不要被"一夫一妻制的神话"所迷惑，这本来是第八章的题目，我们在那一章会讨论无神论）。感谢经济学家奥莫·莫瓦、埃里克·古尔德和阿维·西蒙，我们有了一个解释来说明为什么西方国家在极其不平等的情况下，却保有制度化的一夫一妻制。

在富裕国家，女性具有工作和拥有资产的权利。很多女性并不需要靠男人生活，不同于再其他某些国家女性的受教育、就业和财产所有权都是受限制的。结果就是，工业化国家中的女性可以自由地选择去嫁给住在狗窝里的流浪汉，如果她愿意的话，反正她也不靠男人生存，所以不用担心会因此挨饿。

按照当今的世界观，我们的一夫一妻制数学小故事就没什么意义了；当今社会中的前卫女性不再需要纠结于做穷汉的发妻还是富人家的侧室——她可以随自己心愿保持单身，一样可以养活自己和孩子。

我们的婚姻制度是在历史作用下形成的；而一夫一妻制建立很久之后女性才能去上学、去赚钱或者拥有财产。所以为什么工业化国家却不推行一夫多妻制，而同时男性之间的收入分配又极其不均？除了现代女性不愿意进入这种情况外，还有很多其他可解释的了。

在过去，"职业"几乎都是务农，一位"职员"的收入绝大部分取决于他/她强健的体魄而非大脑。一旦国家开始走向工业化，那么技术就显得尤为重要，于是具备高水平人力资本的工人（比如具有高教育水平和受训程度）开始获得高于低人力资本工人的收入。这种改变驱动了家庭在孩子方面的投资改变；工业化使家庭从尽量多生孩子而不去教育，变成少生孩子并使之接受良好教育。

你大概会回想起第一章中，我提到过美国自1800年开始下降的生育率，当时工业化革命刚刚展开。这种下降直接导致夫妻根据劳动力市场条件的改变（例如对半熟练工人的需求增加）而调整生育决策，以期为他们的下一代能有良好收入前景而创造机会。

一直困惑我们的问题——为什么工业化国家会沿用一夫一妻制——其解释就在于有教育背景的工人收入水平在工业化和非工业化国家间的差异。

在非工业化国家，富人收入明显高于他人，单纯是因为他们拥有更多的资源，比如土地。至于孩子，他们愿意生更多，让孩子们在这片土地上工作可以增加整个家庭的收入。如果目标是尽可能地多生孩子，那么潜在妻子之间就没有本质上的区别；事实上，这些妻子候选人很像我们一夫一妻制数学模型中的例子。

在工业化国家，富人拥有明显的高收入是因为他们具有高水平的人力资本（例如受教育水平）。在孩子问题上，他们倾向于培养具备技能的下一代，因为他们深知孩子的技术水平决定了其未来的收入水平。生育高技能孩子的途径之一就是娶一位同样有高技术水平的妻子。所以工业化进程增加了对"高质量"妻子的需求，那些拥有良好教育背景的女性，在婚姻市场上的价值也就水涨船高了。

从经济学角度来看，本质上是：一夫一妻制出现并制度化是基于对高质量孩子的需求，这提高了高质素女性在婚姻市场上的价值，导致富人也难以负担得起超过一位妻子。

（为了明确一名妻子"价值"的意义，可以把该价值衡量为男性需要通过给这位女性多少讨价还价的话语权才能让她嫁给自己。如果高质量女性具有高价值，这就意味着丈夫在家庭决策中需要给对方更多的话语权——包括决定他将来能娶几位妻子。）

所以，当男性之间收入水平分布高度不均鼓励社会更加适合一夫多妻制时，女性之间教育水平分布高度不均却鼓励社会更加适合一夫

141

一妻制。显然在绝大部分工业化国家第二种效应——教育水平高的妻子——作用于有钱的丈夫们，成为主因。

这个故事中有几个有趣的暗示值得我们继续讨论。首先这解释了为什么在工业化社会，妻子有更多的话语权，并且技术工人具有高收入水平。其次，这也解释了为什么当技术工人收入水平远高于非技术工人时，不论男女都更倾向于与自身教育水平相仿的人结婚。最后，这也佐证了另一现象：即使在较贫困国家，具有高教育水平的富裕男性也会倾向于娶更少的妻子，生更少的孩子，让二者都接受更加良好的教育，而低教育水平的富人的情况就并非如此了。

按照最优原则，如果我们认为摒弃贫穷国家的一夫多妻制可以使下一代获得收益（该情况是否属实存在着多方证据），那么为了达到该目标就需要提高教育水平。而提高全线工人的教育水平可以促进工业化进程，提高高素质人员的薪酬。知识女性在婚姻中有更多的话语权可以有效地减少每个家庭单位中妻子、进而孩子的数量。

在我的理念中，这项婚姻制度的经济学研究，最重要的概念就是，即便是西方国家使一夫多妻制合法化，也罕有人会真的这么做。我知道我所说的一夫多妻制法制化并不是帕累托改良，因为穷男会因此被婚姻市场淘汰。但是如果只有极少数人选择这种生活方式，那么造成的影响就会非常非常小。此外，的确有很多女性宁可选择单身而不是委曲求全嫁给一位不合格的丈夫。在这一方面，女性的经济独立性使她们成为独身生活的受益人，一夫多妻法制化也就无从谈起。

——美国是如何接纳同性婚姻的

近十年来婚姻制度的最大变革是，在很多州法律上承认了同性别之间的婚姻关系。

正如我在本章开头所说，制度是用以支配人类行为的规则和信仰。制度往往是因为信仰而改变；即，信仰的改变导致规则的变更最终正式地体现于制度中。

在近20年间，社会对同性婚姻的态度发生了惊人的转变。我们之所以对此津津乐道，是因为它不仅阐释了法律制度是会发展变化的，也说明制度的变化先决条件并非是社会体系中的每个人改变个人信仰。

让我来讲个故事以说明这种法制的变革。

几年前一位家里非常亲近的朋友在互联网上找到我们家族的名字，并且很幸运地在南非遇见了我表哥的妻子。这两位女士成为好友，最终相爱。离婚（与我表哥），然后二人结婚（或者说是法律上类似于结婚的关系，当时南非尚未赋予同性婚姻同等的权利）。加拿大的移民法允许我表哥的前妻入境（和我表哥一起），她现在的身份是我们好朋友的妻子，两人自此过上了（非常）幸福的生活。

那么问题来了：谁负责把这事儿告诉老爸？我很爱我的爸爸，他的确没有给我留下会赞成同性婚姻的印象。但是事实恰恰相反，是我们大家低估他老人家了；他根本不需要我们通知他（因为他已经不再有偏见，而且也的确不笨），而令我们意外的是他对这对恋人能找到幸福感到格外开心。

我父亲在同性婚姻上观念如此巨变是我始料不及的。

这个故事的重点在于，人们确实会改变其信念，而这种信仰上的变革会导致法制的改革。

正如我们在第一章讨论的，公众对于同性婚姻的意见在过去20年

婚前同居

在美国，有三分之二的夫妻在结婚之前同居，至少经验上这看起来不是个好主意。在平均水平上，婚前就住在一起的夫妻，婚姻质量都偏低，更多的是以离婚收场。并且，他们在经济上进展也不理想，在婚姻中积累的财富要比那些婚前没有同居的夫妻少很多。

乔纳森·韦士柏和马修斯·佩因特的最新研究显示，有些情侣想在步入婚姻殿堂之前，通过居住在一起获得利益；但结果是同居生活的确会给情侣之后的关系带来很大弊端，但也确有小部分同居者在婚后渐渐表现得比那些从未共同生活过的夫妻好得多——这小部分人在此之前从未有过同居经验。

他们发现那些持续同居者，即使过去仅有一次同居经验，在他们的婚姻中也会是低收入、低财富的人。而那些"同居婚姻者"（他们和自己的配偶先生活在一起后结婚），虽然可能在婚姻初期财产少于那些婚前没有同居的人（低五个百分点），但是他们婚后的财富水平增长速度却是后者两倍（大约每年2%）。

这就意味着，随着时间的推

DOLLARS AND SEX:
How Economics Influences
Sex and Love

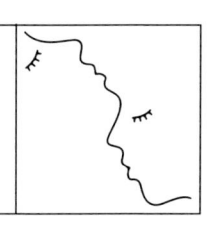

移,那些在婚前生活在一起的人和他们各自的伴侣,其财富水平最终会追平那些婚前没有同居的夫妻。

同居者在婚姻中财务状况看起来并不成功,主要原因并不是同居不利于婚姻;而是那些没有同居经历就结婚的人,对他们今后的婚姻更有信心,并且愿意为他们的关系和共同生活投入更多。比如,他们更愿意把两个人的财产集中到一起以及购买住房,这比某些有更多分手经验——比如多次同居者的情况好很多。

为什么同居婚姻者比那些有多次同居经历的人表现更好,另一种解释是他们因为某些困难而推迟了婚约。当持续同居者在考虑住在一起"试运行"一下这段感情是否进行得下去时,同居婚姻者推迟他们的婚期,更有可能是因为他们想先完成学业,或者是因为他们想在结婚前先有能力供房。这些作为推迟婚约的理由,从长远看来,显然可以使婚姻更容易走向成功。

间发生了翻天覆地的转变。根据民意测试，在美国的近15年间，对于同性别婚姻合法化的反对比率令人难以置信地下降了23个百分点。

这种对同性婚姻的高接受度，部分原因是年轻一代对此更能接受；随着这些年轻人在人口中的比例逐渐增大，社会观念在平均水平上也就改变了。这叫作"同辈效应"。不过在近15年中社会观念的巨大转变，并不是因为"同辈效应"，而是因为人们，就像我父亲那样，改变了对同性婚姻的看法。

社会学家道西·米歇尔·包纳赫在一篇论文中分析过这种转变并且发现：从1988年至2006年，对于同性婚姻的态度转变中仅有33个百分点是源于同辈效应。这是去年的有效数据，但是如果我们可以展望到2011年，投票已经显示出这种观念的转变在随着时间加速进行。因此我认为，实际上观念的转变导致这种态度的转变，远非同辈效应造成。

所以法制的改变，首先是因为很多人已经改变了对同性婚姻的信念，并非是接受能力欠佳的老一辈已经逐渐被接受能力强的新一代所取代；事实证明，其实接受度并不是均匀地分布在各个人群中——现实才说明一切。

也许这项研究的最重要因素与其说是观察，不如说是掩盖在赞同婚姻平等权利下的意见，实际上各个人类社会都分散着很多意见。所以举例来说，随着时间的推移，白人们逐步对同性别婚姻表示出接受的态度，然而黑人社区对此的态度却基本没有变化（1988年有71%反对同性婚姻，2006年有69%反对）。另外，民主党相比共和党表示更能接受；新教徒很大比例的人改变了意见而基督教徒却没有。

包纳赫提出，分属于不同团体的人们逐渐接受了同性婚姻在法律上具有平等权利,这个现象的原因无关于道德,而是因为与他们对立的团体并不接受它。

那么也许实际情况是,在更有接受度的团体中人们可能更有机会观察到同性别婚姻的一手资料。这不仅仅是我家的经验,看起来总统巴拉克·奥巴马家的经验也是如此。有记录表明当你看到邻居、同事或者家庭成员是这样的和睦组合时,你是很难去反对同性婚姻的。

说句题外话,你应该试着运用帕累托效率测试来检验一下,允许同性婚姻是否会使某些人得到利益,同时使另一些人蒙受损失。如果不是,我会提出结论:没有人会在任何可测量范围内因为允许同性婚姻而蒙受损失,那么根据规则,改变相关现有法律是一种福利性进步。

——本章结语

婚姻是一项很好的制度,这透过经济学家的视角可以更好地了解。上面的例子说明,无论一夫一妻制/一夫多妻制还是同性婚姻,婚姻制度会随着时间的推移发生改变,而经济因素在这种演变过程中扮演了重要的角色。法律制度在定义上看起来与他们所管控的个人信仰无关,因为至少在理论上,这是代表集体而非集体中某个少数群体的信仰。而人群的集体信仰是由我们生活的经济属性逐渐形成的。

工业化大国中的社会体系摒弃了一夫多妻的婚姻制度,是因为脑力劳动比体力劳动更具有经济价值。所以,男性倾向于抚育更少并接受更好教育的下一代,而不是生很多缺乏教育的孩子。一夫一妻制有助于他们达到这个目标,于是大众接受了一夫一妻制婚姻优于一夫多妻制婚姻的理念。

最近，同样是在工业化国家，同性婚姻应该被赋予同等权利的理念导致了婚姻法的又一次变革。承认这种权利的重要性最近在大众中逐渐成形，这种观念上的改变也令法制的相应改变成为可能。

从短期来看，婚姻制度的变革在法律意义上并不需要服从于大众的意见，而是掌握在立法者的手中。如果一夫多妻制的故事给我们一些启示的话，那就是：除非立法者有能力改变公众的意见，从长远看，民主社会（正如我们所看到的，甚至是专制社会）将最终会从法制上反映出大众的意见，这与那些掌权者的个人好恶无关。

我提到过即使法律允许比尔·盖茨有两名妻子，他也会仅娶一位，这是因为经济条件给予了他的妻子梅林达在婚姻中充分的话语权，她可以坚持一夫一妻制的安排。同样的条件促成了反对一夫多妻制法律的需求，这无关于工业化国家中的大部分夫妻在自主选择夫妻关系形式时发生的戏剧化变革。归根结底，经济学在形成现代家庭方面起了决定性的作用。

第六章　挣钱养家

——婚姻说穿了就是妥协

让我们用一个故事开头，这会比我平铺直叙地去讨论本章的内容更有效。还是我之前保证过的关于简的故事的延续，该讲讲她脱离那放荡混乱的"社会学校"后，同年开始的婚姻生活。你已经知道这桩婚姻的结果到底怎样，因为她在人生第三阶段已经离异。不过在她还没有遇到自己的白马王子之前，她的"没有过上幸福的生活"恰好描述了婚姻变革是如何由一些有力的经济因素驱动的结果。

不具备大学学历或收入可观的工作使简很快发现自己没有婚姻市场——因为她的教育水平和收入潜力已经不足以靠自己的年轻力壮来弥补了；在19岁那年，她开始和一名年龄大她九岁的男人住在一起，这保证了她能有更加稳定的生活。这种稳定是需要付出代价的，为此她需要横跨大半个世界去投奔一位几乎完全陌生的男人——做此决定之前只和他见过两次面。

简为这段关系付出了青春，希望去开始一段新生活，但是不得不放弃在她热爱的家乡找到一位年纪相仿的丈夫的机会。她的丈夫，约翰，带来了教育背景和收入，却被迫放弃了找到一位与他有相似教育背景和收入的妻子的机会。简和约翰都没能得到自己想要的，不过在他们这段特殊的人生时期，都得到了自己所需要的。

现在的简已经环绕半个地球来和约翰住在一起，内心有着深深的失落。除了感到孤独和被孤立，简发现自己在这段关系中，因为不能给家庭带来收入，加上年龄处于弱势，因此毫无话语权。其他夫妻也许是一起做出各种决定，约翰却独断专行，完全不顾及简的意愿。他们住在哪里，是否要孩子（生几个），他们和谁交朋友，怎样分配家务活，以及何时做爱或者不做爱，都由约翰自行决定。

更糟的则是经济状况的窘迫，因为约翰的教育水平，他很难持续保住工作一年以上。在五年内，约翰和简搬迁九次，五次是去不同的城市（包括一次搬回简的家乡），都是因为约翰需要寻求新的工作机会。这种搬迁意味着简要不断地失业，持续地孤立。实际上，她在这个家里说话就像孩子一样被忽视，约翰反复地丢掉工作使这个家越发地陷入经济困境。

在约翰外出工作超过一年的时间里，简经历了相当长时间的失业，之后她振作起来。约翰声称他要回到大学去完成学位，希望借此提高他的就业能力。为了能够支付增加的教育费用，他要简找一份全时全薪的工作。其实在约翰失业的20个月里，他俩实际上是和简的父母一起住的，这改变了二人关系中的地位平衡，于是这次违背约翰的意愿，简决定表明立场。她申请并被接受，与约翰在同一所大学里主修一个学士学位。

几周之内，约翰、简和孩子一起挤在大学的公寓里，约翰把全部时间花费在他的学业上,而简需要在照顾年幼的孩子和努力学习以获得她的首个学位之间艰难地保持平衡。

两年之后,当约翰在另一个城市找到工作时,简拒绝再和他一起搬家。三个月之后约翰还是丢掉了那份工作,简接纳了约翰回家,不过两人的关系显然发生了质的改变。

多年来两人的关系建立在约翰掌握绝对的决策权上,现状却走向了新的平衡,教育背景和工作赋予简更多的话语权,于是这段关系变得不堪一击。

就像约翰在二人关系走到尽头时所说,"婚姻与妥协无关"。的确,在他的观念里,他俩在一起的绝大部分时间,这话的确是事实。

过去的30年间,女性总体而言在婚姻中逐步赢得了话语权,这是由于经济因素的驱动,男性与女性在正式的劳动力市场上的角色发生了转变,同时也推动了丈夫与妻子之间的收入差异逐渐缩小。不过,这也导致了收入在穷人和富人之间的两极分化愈发严重——这是某些经济学家提出的导致离婚率上升的一个原因。大形势发生了惊人的改变,近年来婚姻得到了两个不太可能的助力来源——经济不确定性和互联网社交增长。

在我们转到这些话题之前,让我描述一个特殊的婚姻市场,通过它男男女女可以摆脱所在当地的经济环境,至少暂时可以,寻找到完美的浪漫——国际婚姻市场。

——自由贸易解除协议

记得在第四章我说过,为什么人们可以从结婚交易中获益。好吧,这里有一组男性就是采取这种方式的婚姻——让妻子签入自己所

妻子为冠夫姓支付代价

在婚姻中冠夫姓的妻子显得更不聪慧，更缺乏野心，倾向于更少地外出工作以及更加专注于家庭生活。根据马修斯·佩因特、雷特·诺德维尔、费姆克·万·法莲、柯尔斯顿·瑞丝和迪耶德里克·史塔波的试验性研究，那些选择改名的女性预期较低薪酬和更少的工作机会。

那些在婚姻中仍然保留自己名姓的女性，其受教育水平要远远超过那些冠夫姓的女性。根据格雷琴·古丁收集的数据，拥有硕士学位的美国女性比学位较低的女性，不冠夫姓的人数高2.8倍；有专业学位的女性该比例高出5倍；拥有博士学位的女性比学士学位以下的女性该比例高出9.8倍。

保留自己名字的女性也会生育更少的孩子。在荷兰，我引用的上述数据来源中，一位冠夫姓的女性平均生育2.2名子女；保留自己名字的女性平均生育1.9名。也许是因为她们生养更多的孩子，或者她们更符合传统意义上的贤内助标准，夫姓妻子们每周在外的工作小时数更少（22.4；

DOLLARS AND SEX:
How Economics Influences
Sex and Love

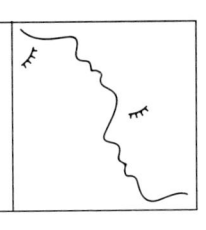

这是相对保留自己全名的妻子们来说的（28.3）。即使消除教育水平和工作时长的影响，冠夫姓的女性仍然收入更少——对比是960欧元对1156欧元。

在一项实验中，一组参与者会收到两封来自虚构女性的求职信，参与者会被要求对写信者未来职位稳定性进行评估，并且陈述对她薪水的预期值。参与者对冠夫姓的求职者评估为不够聪明，缺乏自信并且不够独立。他们觉得申请人远远不足以胜任工作，对其薪水的界定为861欧元每月，这远低于保留自己名字的申请者。

女性的名字真的在求职时起决定性作用么？老套的说法是随夫姓的女性更加忠于家庭而非职场，那么我们也就不会惊讶于其在寻找工作时显示出的不足，这与那种独立性强并且充满自信的新时代女性显然不同。

在国家，尝试颠覆国内经济驱动下女性在婚姻中获得的更多话语权。

在讲述更多关于这种婚姻的情况之前，我想先行解释一下在经济学家眼中，夫妻的决定会怎样影响家庭中每个人的幸福。

任何已婚人士都明白谈判是夫妻之间做决定的重要途径。家庭成员之间如何分配资源甚至包括对孩子方面的各种问题的决策，每个人如何分配工作时间和家务时间，非工作时间里如何平衡做家务和娱乐，所有这些都是通过夫妻间的谈判决定的。很多夫妻还会商讨决定生养几个孩子，双方父母如何分担时间去照料孩子们。哪怕是在卧室里商谈也不会中止；多数夫妻会讨论决定两人做爱的频率以及用怎样的方式做爱。

经济学家使用术语"议价能力"来表述一个人在与其伴侣谈判时的效力。如果两个人在关系中具有同等的议价能力，比如，在出现分歧时，两人都有50%的机会最终根据自己的喜好做决策，如果一方比另一方具有更好的议价能力，那么当出现分歧时，他/她就有超过50%的几率赢得决策权。在特殊情况下，若谁拥有绝对的议价能力，那么在出现分歧时就无须谈判，因为基本上都是这一方按照自己的喜好做决定。

当男人在工作市场上具有比较优势时，女性通常待在家里，做着经济学家称之为"家庭生产"的工作。近半个世纪以来，女性在劳动市场中所获得的薪酬逐步提高，从而削弱了男性在劳动力市场上的比较优势。

与此同时，我们在家中所使用的工具，家庭生产中的科技力量，发挥了高效作用，使得家庭中不再需要一个人把全部时间花在料理家务上（杰里米·格林伍德、安南斯·塞舍德里和默罕默德·约克古在一份重要的论文中论述过)。同样的进步发生在服务职能上——过去女性在家庭中提供的多种服务如今都可以买到,这归功于非技术工人的低薪资,使得大多数家庭都能负担得起。

这些技术进步解放了女性,她们可以投资于自己的事业,获取更高水平的人力资本——技术和经验进而提高了在劳动力市场上的生产力,以及收入。

职业女性的高薪资和投资自身事业的能力意味着,那些厌倦了在家庭事务中持续缺乏地位的女性,有了第二种婚姻选择:她们可以抽身独立生活。

这样一来,那些不愿意共同做决定,或是习惯独断专行的丈夫们,就要面临比过去高得多的离婚风险;因为女性已经完全获得了离开丈夫而独立生活的能力,那么实践中和法律上,男性都面临压力,要与妻子均衡地分配家庭话语权。

当然,仍然有其他因素用以赢得主动,影响配偶之间话语权的分配。例如,更具魅力的女性要比缺乏魅力的女性更有话语权,因为如果她们不满于现在婚姻中的地位时,大可以选择换个老公。男同性恋中年轻的一方会比上年纪的一方更具有话语权,因为类似于有魅力的女性,如果目前的恋情破裂了,他们也可以很轻易地找到新欢。如果婚姻中的女性无法预料自己会不会被遣返回国,那么她们在丈夫所在国家的法律地位就决定了她们是否在婚姻中仍然拥有话语权。

这把我们带回到跨国婚姻这个主题。

并非所有的男性都能接受"要与妻子共同做决定"这个概念。这些男性致力于找一位"好妻子",至少在网页上(www.goodwife.com),意思是那种承认自己丈夫是一家之主并且绝不会质疑其权威的

危机中的印度婚姻市场

在印度使用互联网约会是非常普遍的,尤其是在那些受过良好教育的女性中——她们在寻觅异国丈夫。随着近年来全球经济不景气,这部分男性的收入已经大不如前。

这些印度姑娘是寄希望在别处找到自己的灵魂伴侣吗?如果是,我们可以在冗长的清单中再加上一个走向衰退的市场,那就是穿着体面、非印度本地居民的新郎。

根据印度基础互联网约会网页的报告,女性对异性的搜索优先级从寻找非印度本地居民的男性(这些人大多数有一份网络技术或财务工作)变成趋向寻找本地男性公务员。可是这又怎么能怪她们呢?成为政府官僚机构中一名员工的妻子远远不及做美

DOLLARS AND SEX:
How Economics Influences Sex and Love

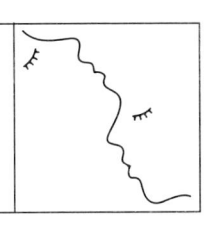

国籍金融家的妻子那样风光,但毕竟对自己的未来是一个稳定的保障。

对于婚姻的预期不仅仅导致女性改变了她们的搜索优先级。在经济衰退时的初期,这同样导致了男性更多地搜索有工作的女性——在2008年增长了15%。

这表明当面临职场上生涯越发不确定的危机时,印度男性更加在乎找到一位可以给与自己一定保障的妻子——当他们丢掉工作时,妻子至少还有薪水;相对的,女性则更加在意寻找有稳定收入的丈夫。

女性。

寻找配偶的男性想要绕开工业化国家中经济力量给予女性的更多话语权，一种途径就是换一个婚姻市场寻找目标——那些在劳动力市场处于劣势的女性所在的婚姻市场：发展中国家的婚姻市场。

每年有成百上千的国际婚姻中介人从这桩买卖中获利数百万美元，那些想找"好妻子"的男性不在乎长途跋涉一番。于是相应的，成千上万的外籍女子（也包括一些男同志）愿意抓住这次改变命运的机会，背井离乡到另一个国家也许会博得更好的人生。

国际婚姻中介人出售的是跨文化婚姻的概念，他们说服男性客户的理由是，外籍女性更愿意接受妻子服从丈夫意愿的婚姻形式。

不要以为这是我说的，来看看婚姻中介网站www.goodwife.com里面的原话：

"作为男人，我们遇到的当代女性，让我们越来越望而却步。在女人们倡导'从我做起'的女权运动时，她们渴望权利和控制，于是男人们被弃置身后，很多男人不能再忍受这种情况，希望寻找一位更加传统的女性作为伴侣。"

这个网站以及成百上千的类似网站，推销的理念就是来自经济比较落后的国家的女性，会非常感激这些西方国家的丈夫给她们带来的特权，因此不会去要求在家庭资源分配时更多地考虑她和孩子。而这些网站没有指出——但是仍然暗示道，因为这些女性在发现丈夫的安排让自己不快乐时，很难妥善地处理离婚问题，她们想要在家庭中有更多的决策权简直是举步维艰。

而另一方面，在国外出生的妻子们有自己的专业技能和教育背景，她们有理由希望当自己定居下来，并且攻克了语言障碍之后，能够和当地的女性拥有同样的机会外出工作。如果她们有机会独立的话，那些促使当地女性赢得更多话语权的经济因素，也同样会鼓励这些外来妻子去坚持在家庭中具有更多的决策权。

这大概就是本国丈夫和异国妻子预期的矛盾吧，导致了简·金姆和其他这种类型的夫妻关系之间，发生了太多的暴力和离婚。

然而有趣的是，经济学理论（在第四章探讨过）预测，若要家庭交易的收益最大化，伴侣双方应该给婚姻带来不同的技能优势。如果这个理论是正确的，那么本地丈夫和异国妻子的搭配比起同为本国人的夫妻，应该是更好的组合，因为异国妻子在家庭生产上更具有比较优势，使她们脱离劳动力雇佣市场。异国组合优于本国夫妻的另一个表现是，由于本国丈夫脱离了照顾家庭和孩子的家庭琐事，他们也可以在劳动力雇佣市场中的占有竞争优势。

幸运的是，这个理论所说的最优解，是那种在婚姻中配偶给这段关系带来不同技能的类型，使用的是来自八千对以上的澳大利亚家庭数据。马赛厄斯·西宁和谢恩·渥纳搜索了男女交叉文化婚姻的证据，那些有最好机会去拓展家庭交易收益，并感到婚姻幸福的组合。显然我们现在说的并不属于这种类型。

婚姻中的幸福（如果用1到10来衡量的话），在那些夫妻双方都是本国出生，以及双方都是外国出生的夫妻之间，指数是最高的。而那些幸福指数最低的，平均来说就是那些一方配偶是外国出生，而另一方是本国人的搭配。

有悖于经济学理论，最美满的婚姻是那些双方更加相似的夫妻，而不是相差很大的。这解释了为什么普遍意义上，我们不会去寻找与自身的技能水平差异很大的伴侣，而是选择那些与自己很接近的人。

设身处地体谅在工作岗位上的男性

尽管女性津贴和立法都在尽量避免性别歧视，但是性别之间的工资差距始终存在。经济学理论可以部分解释这种工资差距（例如，女性会经历怀孕生子而导致事业中断这种高昂的代价），不过，是否真的有证据显示工资差异的存在是因为雇主对女性歧视呢？

有一部分男性劳动者的经历也许恰恰可以佐证歧视的存在。他们是那些中途中断自己的事业，外表摆脱女性的样子而再作为男性外表生活的人。

社会学家克里斯汀·希尔特曾通过与从女性变性为男性的人谈话，发现年长的白人变性人享受更多的权威和尊重，这是相比他们过去的女性身份来说。他们感到当自己表达意见时，更加容易被认可，面对的阻力也更少。有些人甚至提到一些雇主在他们还是女性时因为某些意见而惩罚他们，可当他们以男性身份做同样的事时，这些雇主却会奖励他们。这些人在工作上获得了更多的资源和支持，职位和业绩也得到提升，于是他们的收入也相应地提高了。

在调查中对很多男性的观测结果显示，作为男性，他们会因

DOLLARS AND SEX:
How Economics Influences
Sex and Love

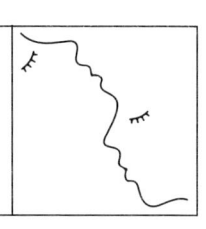

为接受了额外的教育而得到很高的回报，这是他们还是女性身份时无法企及的。于是他们会回到学校接受增值教育，使自己获得优势来赢得更高的收入回报。

很多希尔特调查的参与者指出，当他们"做主"时，他们的表现看起来比过去更加积极向上。在他们变性之前，他们的老板和同事们会把同样的行为解读为过分自负。

另一方面，非裔的美国变性人表示，当他们在工作中的进取不被认可时，他们不能表现出失落。亚洲变性人面对的是对他们太过被动的指责，这种老套的说法是他们还是女人的时候不曾经历的。那些年轻的变性人承受的是"没有男子气概"或"毛头小子"之类的老套指摘。

这也许不算薪酬性别歧视的决定性证据，但说明雇主们的确应该认真反思一下自己对员工能力的评判方法。如果女性员工被认为不如男性员工胜任工作，或者始终缺乏资源把自己的工作做好，那么想要缩小性别之间的工资差距，就只能通过更加努力工作，做得比男性更出色。

这种行为也许不能使家庭生产的收益最大化——但是的确让我们感到幸福。

——一个大学学位的价值是什么？

更加稳定的婚姻

在1970年，28%的丈夫受教育水平超过他们的妻子，只有4%的女性收入高于丈夫。在2007年，只有19%的丈夫受教育水平超过他们的妻子，不过现在有22%的妻子收入超过丈夫。

在过去的三十年间，这种巨大的转变并不仅仅是女性接受了比丈夫多得多的教育，她们的收入也提高了很多。

拥有更多的教育背景和更高的薪水，使得女性更容易摆脱不愉快的婚姻；但这是否意味着，拥有高学历的女性比例提高了，就造成离婚率攀升呢？

根据菲利普·奥雷普卢斯和谢尔·萨尔万斯的论文，这个问题的答案是"否"：他们发现受过高等教育的人们离婚的反而格外少。

例如，他们发现一个没有完成中学学业的人有16%的几率离婚。有中学文凭但没有继续深造的人，有10%的几率离婚。具有研究生学历的人，仅有3%的离婚几率。

如果你认为这些数字与我们之前听说的50%的离婚率相去甚远的话，你是对的。这不仅仅是因为这50%的离婚率测量不准确（事实的确如此），也是因为这个数字是涵盖了所有人——并非只针对已婚人士。但是因为教育水平高的人比教育水平低的人结婚的更多，这些结果显示出教育水平高的人离婚的比较少，也许更能说明高学历人群没有频繁的离婚现象。

为什么高学历的人群比较少离婚呢？也许他们在婚姻市场中原本就炙手可热，从而可以拥有高质量的婚姻。或者是因为他们结婚比较晚，在选择伴侣时也更加审慎。也许高学历人群更具备谈判技巧，使他们能轻松地渡过婚姻中的困难阶段。离婚对于高收入者来说成本也更高，因此高学历人群有理由尽量避免支付这种代价。或者，我们很快会讲到的，也许这是因为高学历者甚少经历工作的不稳定，避免了婚姻中的额外压力。

顺便一提，根据贝奇·史蒂文森和贾斯汀·沃尔弗斯的一项有趣的观察，不仅是低教育水平的人会更容易离婚——统计大学毕业人群和那些低于大学学历人群，在他们45岁时婚姻还很稳定的人数，他们发现在两类人中存在着十个百分点的差异；而且低学历人群在经历一次离婚后很少会选择再婚，如果他们再婚就更容易再次离婚。

虽然我没有直接证据证明，当女性在婚姻中有更多的决策权时，其婚姻状况会更好，不过高学历夫妻的低离婚率表明，女性从决策平等中获益并没有导致婚姻不和谐。

——富人更富有，穷人多离异

根据经济学家亚当·莱文、罗伯特·弗兰克和欧格·迪克的理论，富人会更加富有，婚姻是增加财富的途径。

我们已经知道，贫富的两极分化很大程度上影响性行为，这一点在第七章讨论青少年乱交时，我们可以看到更多证据。不过不仅如此，贫富差距也拉高了离婚率。

这里略举一例来说明这个差距变得有多大，请考虑一下：最底层20%的收入者在1979至2003年间，收入水平仅提高9%，而位居榜首

女同性恋者更加勤俭持家

一篇布丽吉塔·尼格鲁斯和索尼亚·奥雷菲斯近期的论文，通过一系列假设测试了同性婚姻的理财规划与异性恋有哪些区别。他们发现，平均来看，同性恋情中的女性勤俭程度要比同性恋情的男性或者异性恋情侣好得多。

作者使用了抵押贷款比率来评估夫妻的家庭价值，用来衡量他们的节俭程度；这是因为那些持家能手平均来说偿还抵押的速率要快于理财欠佳的夫妻。

相比异性婚姻夫妻和男同性恋来说，女同性恋情侣会多偿还9%左右的年平均抵押贷款，这是在控制年龄、教育水平和社会经济因素（包括家中孩子的数量）等因素干扰后得出的结论。

这不仅仅证明了女同性恋者更会持家。参考年长者的收入，在同性恋情中的退休女性拥有的社保和退休金，比异性婚姻夫妻平均多出4715.35美元。同性恋男性的收入也高于异性恋情侣，不过实际上该结果是因为一般而言男性的退休工资高于女性。

DOLLARS AND SEX:
How Economics Influences
Sex and Love

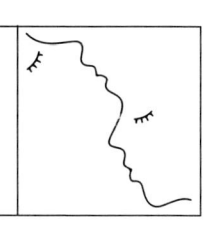

有两种可能的原因来解释为什么同性婚姻的女性会更加节俭，其中不包括同性恋会比异性恋拥有更少的孩子。第一个原因是关于生活预期的；女性平均寿命更长，就真的需要存更多的钱，为自己将来没有薪资收入的岁月做好准备。

第二个原因可以解释为恋情稳定性。相关数据来源于同性婚姻尚不合法时期；同性情侣要共同规划未来，因为她们无法预测何时才能获得与异性恋夫妻同等的社保待遇（当然，到目前为止还有很多这样的恋人在等待这平等的一天到来）。

如果所观察到的女同性恋者这更高的存款率反映出有关她们婚姻关系的法律状况尚不明朗，那么当这种关系被法律认可后，我们有理由预测这些家庭的存款率会相应下降。

的1%的人其收入水平增长了难以置信的201%！

与此同时，所有人都减少了储蓄。例如，美国的个人存款率在20世纪70年代中期为10%，到近年已趋近零；一项观察报告通过多方面分析显示，是过度消费造成了近代的严重经济萧条。

有几个原因造成存款下降，但主要原因是我们的消费远超以往。我们不仅仅花掉了现在的收入，而且预支了未来的收入来满足超过当前经济能力能够承担的消费。造成这种情况的一个原因是，随着富裕家庭的收入增加，每个人都试图不落后于他们的消费水平。

要理解这是怎么一回事，请想象一下你生活在一个看起来大家收入水平相似的社区，住着同样大小的房子，开着一样的车子，每个人看起来都光鲜体面（仅仅为了简化衡量）。

现在想象有一个家庭，姑且称呼他们为琼斯一家，他们的收入大幅提高，于是决定建一所更大的房子，再买一辆更好的车。这种增长的消费会刺激住在他们周围的人，邻居们会想："好吧，如果琼斯家可以买大宅豪车，那么我也可以！"

其他家庭纷纷开始花掉更多的收入去买用来和琼斯家攀比的东西。琼斯家的邻居们只能花掉积蓄，支付这些增加的消费。如果这种效应延伸到更低收入水平的社区，猛增的消费就会导致经济困境——尤其是当人们开始抵押房产来支付账单时。

与琼斯家攀比消费导致了每个人的过度消费和储蓄减少。

所以当富人更加富有时，其他人也竞赛般地去攀比着消费。过度消费给家庭带来了极大压力：人们开始延长工作时间，去更远的地方上班以便住上更大的房子，破产变得越发普遍。于是毫无意外地，这种消费竞赛和经济危机给婚姻造成了极大负担。

罗伯特·弗兰克和其他合著者发现，在贫富分布极不均衡的国家里，离婚率也居高不下；国家的贫富不均程度每增加1%伴随着该国家的离婚率相应增长1.2%。在仅仅十年间（1990—2000），收入不均的加剧造成离婚率增加达5%。

对于这种离婚和收入不均关联性的可能合理解释是：除了过度消费造成过多压力外，不均衡水平过高促使男男女女都去寻找新的婚姻伴侣——那些有更高收入的伴侣——使自己买得起那些自认为需要的东西，以此在贫富差距极大的社会里找到存在感。如果事实真是这样，对他们来说有个好消息，就是现在有了廉价的寻找新婚姻的途径——网络。

——已婚人士的网络爱情

如果你在线搜索这句话"为什么人们要离婚"，你就会知道受欢迎的专家会归咎于网上约会和社交网站造成了出轨和离婚。这个结论是基于假设：因为网上搜索极为简便（而且隐蔽），男男女女们原本可以忠诚，现在却在网上浏览着新的伴侣。

在托德·肯德尔的一篇新论文中有一些引人注目的证据，尽管普遍声称互联网是导致婚姻破裂的罪魁祸首，不过事实并非如此。实际上，已婚人士现在可以轻易在线找到新的恋人是降低了离婚率而非提高。

还记得我之前用来解释为什么单身人士为了找到真爱而搬到市中心居住的那个寻爱模型吗？因特网的运营正如大都市那样降低了寻找新恋情的成本，额外的好处是允许已婚人士可以在配偶不察觉的情况下去找新恋情。

润滑剂来做指标?

观察性爱玩具市场是否有助于经济学家预测一场经济衰退?

经济学家们的最大幽默就是找到有趣的方式来观察市场中的迹象,以预示即将来临的经济危机。在我们厌倦了观察库存和生产力之后,转而观察一些其他指标,比如汉堡包卖得好不好,或者炸面包圈店是否搬到市中心去了。

其中最著名的一项关于经济萧条的领先指标是"口红指数"。在化妆品公司雅诗兰黛任职至1999年的前董事长伦纳德·兰黛提出,在经济不景气前夕,口红的销售量会增加。事实证明这是让一位女性用很少的钱达到感觉愉快的有趣方法,经济学家们则可以藉此预测经济危机的到来。

不过,口红指数没能预测到2007年和2008年的经济危机,而且近年来它的市场销量一直持平。另一个令人感到心情愉悦的市场却开始受欢迎:人体润滑油和性爱玩具的销售市场。

2009年的市场调查发现润滑

DOLLARS AND SEX:
How Economics Influences
Sex and Love

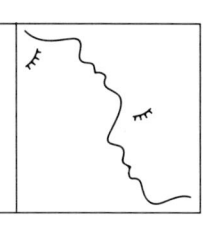

剂和性功能增强器具销量惊人，当时市场很不景气。性辅助用品的销量看上去更加符合口红指数理论；人们需要一个廉价的方法来让自己愉悦、打发时间（也许你会说他们是需要一种方法"雄起"好渡过难关）。

正在用来检验该市场是否可以用作经济活动的指标将在复苏期显现。如果两性凝胶和震动棒的销量在下一年疲软，那么我想这个指数就胜出了。

也许届时我们会要求经济学家开始做性爱玩具和润滑剂的市场报告。他们大概乐于分享我的观点，毕竟用这个指标做经济分析会有趣得多。

正如我们所知，当搜寻成本居高时，婚姻的质量通常较低，因为男女双方都不得不选择较差的配偶，以此避免长时间搜索的高昂成本（越早结婚越能把成本控制在较低水平）。当搜索成本低廉时，婚姻质量普遍较高，因为男女双方可以继续寻觅直到有人接近他们心中的完美要求，这个过程的代价并不高（他们自身价值得以保值）。

因为网上约会和社交网站的广泛应用降低了搜索伴侣的成本，充分运用互联网一般可以促成更高质量的婚姻。

网上约会和社交网站的广泛运用既降低了离婚的可能性（因为婚姻的质量提高了），同时也增加了离婚的可能性（因为已婚人士可以继续私下找新的伴侣）。为了说明两者之间哪一项对离婚影响更大，我们需要用数据说话。

托德·肯德尔的研究使用的数据来自43552对夫妻，发现使用互联网和离婚几率两者之间并不存在联系。他也发现这些夫妻里那些日常使用互联网的丈夫实际上较少离婚，而那些日常不频繁使用网络的丈夫情况正好相反。妻子使用网络的频率和离婚的可能性之间不存在联系。

我们仍然无从知晓这些男性和女性在网上做什么——他们可能在做人们熟知的购物或者下载色情片——但是仍然没有信息可以很好地直接证明线上约会和社交网站不是离婚的主因。这说明不了已婚人士是在网上找新的伴侣的，仅仅意味着这些人一直在寻找新的伴侣，哪怕他们手头没有可用的资源。

如果这还没有说服你，一项荷兰的研究同样也检验了婚姻质量和网络应用之间的关系，研究发现个人越频繁地使用网络，他们在婚姻中越发快乐。

通过对已婚人士的数据分析，彼得·柯克霍夫、凯特林·芬肯和琳达·缪西斯发现使用互联网的频率关联更愉快的婚姻，这是发生在彼此不会保留太多秘密，并且更加互相依赖的夫妻之间，他们的婚姻更有激情。

当研究者仅仅观察上网成瘾的用户时，他们发现那些沉迷网络的人都经历了婚姻中随着时间推移而逐渐出现的性行为减少和激情消逝；这些人很少花时间陪伴配偶，并且隐瞒对方很多秘密。所有这些人的婚姻质量更低并且越发糟糕。这种恶化并非因为他们花了太多的时间沉迷网络，而是因为他们的成瘾行为伤害了婚姻。

——婚姻是困难时期的保险

在本章开头我已经向您讲述了，简的故事里的很多问题，尤其是约翰不愿意与简商量做家庭决策，但最重要的一点是，约翰的失业将他们本就飘摇不稳的婚姻基础推向了分崩离析。

在情侣面临如何艰难渡过经济困境时期时，失业无疑是导致婚姻破裂的首要原因——当事情变得糟糕时这无疑是雪上加霜。如果婚姻从某种意义上是困难时期的保险的话，当婚姻中的一个人丢了工作时，作为保险，另一人的收入本质上来说也将随之消失。

失业削减了夫妻相守的动力。这对于实力雄厚的夫妻也许不算什么——这种情况下如果你想索赔，承保人却食言是毫无意义的——但不是所有的夫妇实力都那么雄厚，对于绝大多数夫妻来说，一方丢了工作这件事就是压死骆驼的最后一根稻草。

朱迪斯·海勒斯坦和梅林达·莫里尔对失业和离婚之间的关系做了新的研究，他们发现了令人吃惊的现象：当经济大环境良好时，更

我的丈夫是垃圾债券

如果是做财务决策,女性绝对不愿投资于像男人这样高风险的资产;她们显然都是风险厌恶型投资者。按顺序来讲,单身人士比已婚人士更加害怕风险,然后就是已婚女性——至少历史上如此——会比单身女性更愿意投资风险性资产。

如果我们把丈夫当作另一项资产,与股票、债券和不动产合并作为投资组合的话,婚姻行为对于女性来说是值得的,但此时丈夫应该是一项低风险资产。和额外的安全资产(例如,低风险的丈夫)一起构成已婚女性的投资组合,她就有理由去购买风险更高的资产来平衡自己的总投资。所以说已婚女性并不是真的比未婚女性缺乏谨慎性,她们只是从另一个角度去看这件事,因为我们忽略了她的安全资产——那个晚上会把脚搭在咖啡桌上的家伙。

不过事情是这样的:在过去40年间,丈夫作为一项资产来讲,已经从无风险资产演变成垃圾债券——高风险高收益。加上房价的大幅波动(尤其是当投资于垃圾债券却迟迟得不到回报时),丈夫这项资产的风险随着时间推移与日俱增。

如果这是事实,并且如果用丈夫作为投资组合的理论来解释

DOLLARS AND SEX:
How Economics Influences Sex and Love

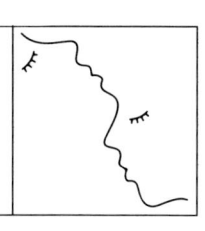

已婚女性为什么会风险规避性更低，那么当离婚率升高时，我们应该可以预见存在于已婚女性和未婚女性之间的风险规避差距收缩的过程。

意大利经济学家格拉齐耶拉·贝尔托齐、玛丽安娜·布鲁内蒂和科斯坦扎·托里拆利的最新研究发现，早在20世纪90年代，存在于单身女性和已婚女性之间风险规避的差距实际上变大了，这起始于已婚女性开始进入劳动力市场，像男人们一样生活和做投资决策。不过在21世纪一切开始改变；这时风险规避的差异变得相当细微，已婚女性在做投资决策时越来越与单身女性相似——她们的行为更加倾向于规避风险。

由于很多国家的离婚率十年来都很稳定，而在仅仅三年内（2000—2002）意大利的离婚率上升了45%。所以这段时期婚姻的风险加剧，已婚女性的风险规避水平向单身女性靠拢。这与我们的假设保持一致——已婚女性会选择再度调整她们的投资组合，加大投入低风险资产以便平衡她们的垃圾债券丈夫日益增长的风险性。

多的人会选择离婚，而当经济萧条时离婚的人却少很多。实际上每当失业率增长一个百分点，离婚率就会下降一个百分点。

有两个可能的原因导致了这种违反常理的结果。

第一个原因是，虽然在经济衰退时一些夫妻很可能会离婚（比如那些实际上已经失业的），但是其他一些夫妻也有可能会更加坚守婚姻（比如那些尚未失业但是时刻担心着会面临这种事的）。

不管怎么说，你不会在发生事故风险最高的时候去撤销汽车保险；就算你已经不再想要这份保险了，也会至少等到风险过去。当失业率下降后离婚率会升高的其中一个原因就是，当经济环境好转，失业的不确定性就会下降，对于婚姻作为保险的功能需求也会相应降低。

第二个原因是，在经济萧条时期房价下跌导致人们很难割舍那已经跌破他们期望值的房产，更有甚者，有时房价已经跌破他们的抵押贷款。

想象一下你已经结婚但是后悔了。如果房价下跌，那么作为一对夫妻你们需要买一所新房子——或者两所，现在要比过去轻松得多；于是房价的下跌可能会助长你结束当前婚姻的意愿，毕竟找一个新住处变得便宜了。

如果事实的确如此，那么当房价下跌，离婚率应该会增加，或者换个角度，当房价增长，离婚率应该下降。

根据马丁·法纳姆、卢切·施密特和普尔威·赛瓦克最近的研究，尽管在市场低迷时期购置房产是一个不错的选择，夫妻们却宁可选择固守百般不满意的婚姻，也不愿意打破平衡失去现有的家园。这些研究者主张，变卖财产会造成经济损失的情绪性障碍促使人们固守家庭，留在婚姻中，以期减少未来的财务损失。

他们发现在房价下跌10%时，大学教育水平的夫妻（更可能拥有自己房产的夫妇）离婚率下降了难以置信的29个百分点。你可以想到：房价在2006年4月到2010年8月之间下降了三分之一（约30%），相应导致了离婚率大幅降低。

对于那些不太可能有自己房产的家庭来说，房价的下跌对于离婚率就具有积极作用；房价下跌10%，那些没能完成中学学业人群的离婚率增加了令人吃惊的20%左右。

这说明经济萧条对婚姻具有破坏性的作用，不过这种作用大部分发生在较贫穷的家庭。毫无悬念的，低技术工种在经济萧条时期受到最严重的打击；在2010年，没有中学学历的人失业的几率是拥有大学学历人的三倍。

如果做出离婚的决定关系到失业和房价，那么结婚的决定应该也与经济环境相关。根据美国人口调查局的数据统计，年龄在25岁至34岁之间的人群，结婚率自2006年至2010年下降了四个百分点（从49%至44%）。因为结婚率的确在近十年有所下降，这种区别于经济萧条情况的下行趋势是由于：有良好教育背景人群的结婚率基本是稳定的，不过中学学历或以下人群的结婚率比上一个十年期间陡然下降了十个百分点。

经济不景气是否关系到教育水平偏低的工人的结婚率下降，这尚未得到证实，但是近年来有证据表明，婚姻作为保险的地位已经被同居取代。

根据罗斯·科瑞德的报告，异性恋情侣婚外同居的人数在2009至2010年间增长了13个百分点。在此期间，同居情侣中至少一人失业的情况猛增；此前，仅39%的情侣选择同居，并且双方都有工作，而在2009年选择同居的情侣为50%。

此外，这些新的情侣中男性失业率要高于之前已经存在的情侣；24%的新情侣中男性处于失业状态，在2009年之前开始同居的情侣中男性失业率仅为14%。

看起来同居行为可以给男男女女带来一种保障形式——向其爱人提供暂时性的保障（比如住房）。当时局艰难而人们没有准备好提供婚姻这种完全的保险形式时会选择同居。

当时局好转之后，他们是否会选择结婚尚未可知。不过有一件事却非常清楚，经济的萧条和繁荣能够显著地作用于情侣之间的关系存续形式。

——本章结语

有趣的是，在经济形势动荡时，婚姻作为保险的作用促使简最终选择靠自己想办法找工作来对抗经济萧条——补上学士学位。当她做如此决定时，如果约翰仍处于不断失业中，那么她就需要找一份稳定的工作来维持家庭生计。而当她有能力找到一份收入较高的工作时，在他们所处的经济大环境下，她的决定便是这对夫妻的最优选择。简的谨慎是对的。

简的故事和其他的众多故事在本章用来分析数据和经济理论，告诉我们婚姻其实是一种经济性的安排。认识到这一点可以帮助我们理解近半个世纪以来婚姻本质发生的巨大变化，更重要的是，这也帮助我们看清未来婚姻的走向。

在第一章我提到过皮尤研究中心调查发现，年轻一代尤其不再关注婚姻的本质，44%的人表示婚姻已经是过时的制度。婚姻被淘汰的这种认知，几乎完全起源于女性财政上的独立性能力增强所导致的婚姻性质改变。然而，独立女性并没有抛弃婚姻制度。恰恰相反，这增加了在时局艰难时婚姻作为保险的价值，毕竟家庭前景不再完全取决于男性的挣钱能力了。

经济学家认为，婚姻变革中最令人吃惊的是人们选择婚姻伴侣的方式。当经济学家们首次开始讨论婚姻时，最好的方式就是提出理论并关注其相反方面。像女性变得更加独立，可是却更容易离婚，男性和女性都在选择婚姻伴侣时倾向于选和自己相似的人。这种现象的一种可能解释是（除了我们已经讨论过的那些以外），更多的决策需要达成共识，促使当代男女去选择三观和自己相一致的配偶。

至少对我来说，这种排序的特性显著地提高了婚姻质量，同时很好地显示出，结婚的人更少但是这些人却比过去的夫妻要幸福得多。这种观察到的婚姻状况为情侣们提供了更良好的经济稳定性，显示婚姻作为一种制度是不太可能在未来被淘汰的。尽管体制会改变，但是考虑到经济环境对婚姻组织形式发生影响时，经济环境也会随之改变，那么这种变革显然在情理之中。

现在我们将婚姻话题暂且放下，回到在本书开篇的讨论中：乱交。在本章提到的乱交的人群并不是我们在第一章说的那些成年男女，也不是我们在第二章中谈论的大学生；他们是新生代的性活跃青少年，你也许会吃惊地发现，他们才是第一代在一段较长时间内性行为少于其父母一辈的人群。

第七章　下一代已经成年

——青少年性行为有了新的标准

我最近曾经和一个朋友的孩子聊到他的爱情生活。这小伙子长得高大帅气，所以我猜测到，以他17岁的年纪很可能已经有女朋友了。他的回答是："没，我21岁之前不打算交女朋友。"于是我反问："难道在此之前只交男朋友？"

我说这话可不是为了搞笑。在一些未达到工业化的社会里，男孩子们在青春期是被鼓励发生同性性关系的，借此来避免婚前生育以及推迟结婚年龄。在我看来这种描述仅仅是我们所认为的性行为"准则"，尤其是对青春期来临的孩子们来说，这其实是文化和经济意义上的决策；在一个社会体系中，青少年之间的同性恋关系被认为是对团队有益的（比如，可以推迟女性生育），而另一方面，则是有害的（比如，挑战了传统的异性恋婚姻体制）。

经济环境与社会信仰对于可接受的青少年性行为存在一定关联。在这里我简单举几个例子来解释一下。

第一个例子是关于什么年龄的年轻人可以合法发生性行为与人们的预期寿命这两者之间的关系。经济上的富足对人类的健康有积极影响，并且在社会层面上会延长人类平均寿命。当预期寿命较短时，我们可以看到女性发生性行为的合法年龄也相应较低。例如，在16世纪的英国，合法年龄为10周岁。那个年代里，人们的平均预期寿命为37年。如果人们不能存活很久，那么作为一个社会，你会很严肃认真地希望人民能够尽早恢复再次生育。所以平均预期寿命（作为一个经济结果）影响社会准则对于何时可以合法发生性行为的年龄规定。

接下来的例子是鼓励人民结婚的年龄和人口压力之间的关系。诚然，刚刚提到的那个例子，英国的合法年龄实际上并不是很恰当。在那个年代，英国的领土十分有限。在一个大规模的农业社会中，土地的数量是固定的，人口规模的增长会威胁到每个人的收益。在避孕措施还不够可靠的年代，对婚前性行为的严格禁止是很好的方法，这样可以限制生育，预防人口增长导致稀释可获得的资源。资源的极为有限，比如土地，提高了社会可允许结婚的年龄界限。在1600年代，女性结婚的平均年龄为25周岁；社会规范不鼓励早婚意味着抑制人口增长以及可能导致的生活水平下降。

社会认知指向青春期女性怀孕生育关系到另一项经济支出：作为回报，增长的正规教育带来的未来收入。当接受教育对你的收入增加不起作用时，社会上对青少年女性生子是持赞成态度的，因为早早地为人父母对未来的收入没有影响。然而当国家工业化后，接受更好教育的人本质上会挣得比教育水平低的工人更多的工资，社会层面便转而不支持青少年生育——即使已经结婚——因为这会限制他们未来的生产力。

经济因素同样影响社会层面更愿意给孩子们教授多少性知识。过去的长辈们并不担心何时才是时机成熟去和孩子进行"那种谈话"。那时家都狭小局促，孩子们和父母挤在一个房间里生活，夫妻往往在孩子睡着时行房。我们能否竭尽全力地"保护"孩子们远离性知识取决于房子的大小。当我们变得更加富裕时，便可以延长孩子们忽视人类本能性欲的时间，以至于开诚布公地谈论关于性的话题变成了禁忌。

最后，科学技术的革新极大地影响了社会对同性恋情和性别认知的态度。比如，互联网技术的便利轻而易举地让男同性恋、女同性恋、双性恋和变性人发现这个世界上还有很多和他们一样的人存在。加之科学技术创新鼓励了那些性取向有别于主流的人，支持他们将自己特殊的性倾向对大众公开。这种公开导致了整个文明对此态度的转变，当然，经济因素再一次在这种转变中扮演了重要的角色。

在向你讲述关于青少年性行为标准的演变中经济学上的证据之前，我想先讲讲另一个故事。

如果你还记得第二章中的莎拉，你大概会回想起她那段不幸的早孕经历，她原本是要完成大学学业的。莎拉在故事开头就不是处女了，但是你一定会惊讶地发现，总体来说在中学时她是远离性行为的。莎拉直到被申请的大学录取后才开始有性行为。那时她还可以拿到奖学金，并且已经注册了秋季课程，结果因为自己不合时宜地怀孕而泡汤。

甚至没有人真正询问过莎拉，她是否真的想去上大学。她的家庭、朋友圈，在她从高中过渡到大学时，和从初中过渡到高中时一样，认为这显然毫无争议。并不是出于对接受大学教育的预期促使莎拉在中学时期对待性行为如此慎重（毕竟她的很多朋友都开始有性行为了），而是因为她在十年级时曾遇到一个名叫特洛伊的帅小伙子。

特洛伊并不是莎拉的男朋友，但是她很享受和他在一起的时光，当特洛伊邀请莎拉去他家过夜时，莎拉非常乐意，这主要是因为她相信两人之间是纯洁的男女关系。莎拉的母亲表示反对，作为过来人，她比女儿更清楚十几岁的大男孩想要什么，不过也足够开明地允许莎拉可以在放学后去特洛伊家做客。

特洛伊住在莎拉从没去过的城里另一区，他家属于社会保障住宅项目，人们称之为"贫民区"。他和他的姑妈一起住（自从特洛伊九岁离开母亲后，姑妈一直是他的监护人），姑妈刚刚生了个小宝宝，此外还有个18岁的堂弟。除了这几位常住人员，当莎拉来做客时，这位堂弟17岁大的女朋友也正巧过来，放下他们十个月大的宝宝，以便和小姐妹们去商场血拼。

在这次拜访中有两件事给莎拉留下了深刻的印象，并且影响了她之后关于性行为的决定。第一是特洛伊的居住条件。莎拉还从没有见过如此残破穷苦的家庭。这使他为她的朋友感到悲哀，不过更重要的是，在这样不合时宜的简陋环境中还要养活宝宝，简直令人咋舌。当她想象自己作为母亲的样子时，就觉得需要给孩子提供的条件要远比眼前这个家庭给孩子提供的好得多才行。

这次拜访中给莎拉留下深刻印象的第二件事，发生在问起特洛伊有没有准备在十一年级的课程里申请大学高数和英语时。莎拉知道特洛伊是一名好学生，可令她意外的是，他并没有直接回答问题，而是转头向姑妈征求意见。出乎意料地，他的姑妈马上摆摆手否决道："你为什么要浪费时间去上那些想考大学的人才去学的课程呢？"

立法禁止青少年性行为

要减少发生在青少年中的性行为，一种可行的办法是通过立法禁止某个年龄段以下的男女发生性关系。

加拿大在2009年将允许发生性关系的年龄限制从14周岁改为16周岁，这是考虑到年龄在14到15岁之间的青少年比年龄稍长的16到17岁的青年人更加欠缺对于性行为做出正确抉择的能力。波妮·米勒、大卫·考克斯和伊丽莎白·萨怀克利用这次法条调整来测试假设——年轻的青少年比年长的青少年做出更糟的性行为选择。通过对超过26000位青少年的数据的分析，他们发现14至15周岁的人并不会比16至17的人做出更糟的性行为选择。他们还发现，暴露在最高风险中最需要法律保护的实际上是年龄低于12周岁的孩子们。

样本中有3%的学生在12周岁之前有了性行为，超过40%的受访者反馈第一次性行为的对象是年龄超过20周岁的成年人。那些在14岁有了第一次性行为的人中，仅有1.3%说自己的第一个性伴侣是年龄大于28周岁的成年

DOLLARS AND SEX:
How Economics Influences
Sex and Love

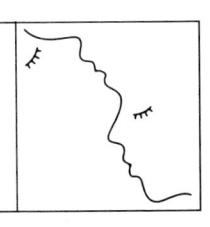

人。而在15岁才初尝禁果的人中，性伴侣是大人的比例有所增长，却依然没有超过6%。

当加拿大法律改变为强制仅允许同龄人之间发生性关系后，青少年人群的性行为明显减少；低于2%的男孩和3-5%的女孩是与比自己大五岁的成年人发生首次性行为。他们趋同于年长一组（16至17周岁），在酒精或药物的影响下发生了性关系，更多的人表示初夜时使用了避孕套（83%比74%）。此外，该年龄段的女孩表示，在她们年纪更小时，发生第一次性行为不仅使用了避孕套，还会同时服用激素类避孕药。

合法年龄的法律举措是考虑到在与成年人发生性行为时，低龄青少年无法保护自己而导致面对比较严重的后果。有证据显示，低龄青少年可以做出与较年长者同样的健康性行为决定，这其实与法律无关。

这是莎拉第一次体会到并不是每个朋友都能有一个乐观未来。不久后她意识到,朋友们对性行为所做的决定,比如冒着怀孕和辍学的风险,是对黯淡前途的自暴自弃,这种悲观是莎拉无法认同的。

莎拉就此为剩余的中学生活而暗自庆幸,可她把这件事想得过于简单了;学习总是要花时间的。结果是莎拉始终没有找到自己心中那个合适的角色,值得她去冒险品尝禁果。随着时间的推移,她开始相信恋爱这档子事应该加入大学里值得期待的事项中。

莎拉在十一年级时失去了特洛伊的消息,实际上他先前就已经离开了学校。但是她始终不能忘怀那晚自己去参加学校毕业舞会时特洛伊和他家人的情形。莎拉的妈妈把她和她的两个好朋友载到门口(其实完全没必要如此麻烦)。她们走向"红毯",莎拉瞥了一眼两边,没有狗仔队甚至没有父母来拍照,只有十几岁却带着婴儿的女孩子们。很多以前的同学因为怀孕而没能留在学校(至少是没办法参加毕业舞会),当夜来看看她们那些身着盛装出席舞会的朋友们。

莎拉当然知道班上有不少女孩在最后一学年已经身为人母,更有甚者,有一个姑娘已经怀上第二个孩子。可是穿上光鲜礼服的舞会皇后和身着宽松居家服的孩子妈妈之间形成如此鲜明的对比,让莎拉清楚地认识到她们的人生轨迹有多大的差异。

也许你会因为莎拉在大学时选择流产而看低她,这完全是你的自由,不过也许你应该明白莎拉做这样的决定也并不轻松。她根本不敢想象自己如果不终止怀孕进而生下宝宝后人生会变成怎样:她早就知道那种情况会有多么可怕。

——其实不是每个人都如此

当代美国青少年的性行为少于80年代中期的其他青少年群组。根据疾病控制中心的统计，在2010年青少年有过性行为的人未超过半数（男性42%，女性43%），在20年前该比例是女性51%，男性60%。年轻人也不是单纯地通过其他方法代替普通性行为（比如口交或肛交）；年龄在15至17周岁的青少年，46%的男性和49%的女性没有和别人发生过性接触。

超过92%青少年男生和86%青少年女生表示他们在最近一次性行为时使用了某种避孕手段。尽管这看起来很谨慎，同年仍有年龄在15至19岁的女生产下367752名新生儿；这意味着该年龄段差不多有3.5%的女孩子生育了。尽管这个比例从1991年到2010年已经下降了超过三分之一，美国的青少年怀孕生子比例仍然是发达国家中最高的——超过其邻国加拿大两倍。

这不是因为加拿大的青少年性行为更少，根据加拿大统计局统计，年龄在15到19岁的加拿大年轻人有43%有过性行为。

青少年的怀孕生子比例下降并不是因为流产率的增长。美国青少年流产率在2006年比1991年下降了一半（从千分之三十七的女性比率下降到千分之十六）。

公共卫生研究人员约翰·圣泰利和安德里亚·梅尔尼克斯肯定地表示，青少年生子率在1991年到2005年之间的下降与青少年性行为的减少或者流产的增加都没有关系，而是完全归功于他们在采取避孕措施时更加地谨慎小心。这大概是因为那些减少性行为的青少年会在发生性关系时采取避孕措施。所以当这部分青少年选择不发生性行为时，对于怀孕率是不会产生影响的。

青少年性行为及其后果在美国也是具有种族色彩的话题。青少年白人女性在发生性行为时更多地采用服药的方式，黑人和西班牙裔青少年相对较少：39%的青少年白人女性服药，黑人的比例为14%，西班牙裔为17%。

黑人和西班牙裔青少年女性的生育率超过了青少年白人女性两倍：在2010年，年龄在15到19岁的白人女性中有2.4%生育，黑人生育率为5.2%，西班牙裔为5.6%。

黑人和西班牙裔的青少年女性不仅仅是怀孕的更多，而且在20岁之前很可能已经生育过不止一个孩子。举例来说，在2009年有58%的青少年女性生育了第一个孩子，其中黑人女孩和西班牙女孩的产子率共占青少年女性的34%。所以我们已经了解到她们的怀孕率大大超过其他青少年，不仅如此，她们占生育过二孩青少年女性的66%，生育过三孩的73%，生育过四个及以上孩子的80%。

令人惊讶的是，在2009年，美国年龄在15到19岁的女性有1316人生育了四个或更多孩子。

不同人种之间生育率的差异，部分原因是对于青少年怀孕生子的观念差异。比如，当要回答这个问题时："如果你现在怀孕了，会有什么感受？"只有8%的白人女性回答她们会有点或者非常高兴；却有的19%西班牙裔女性和20%的黑人女性做出相同的回答。

最后，年轻女性更有可能成为性传播疾病人群；据疾病控制中心估计，年龄在15到24岁的年轻人仅有25%表示有性经验，而近半数的新型性传播疾病是通过这组人传播的。她们患有衣原体病或淋病的比例比平均水平高四倍，患有梅毒的比例是普通人的两倍。

再一次，在感染性传播疾病的同龄组中黑人青少年女性人数也是压倒性的。2009年,患有衣原体病的人数比白人青少年女性高出16倍,患有淋病的人数高出7倍,患有梅毒的人数高出28倍。

这些数字证据显示当青少年的性行为和怀孕率下降时,性传播疾病的感染率却没有变化。这看起来似乎不合情理,不过对此可以用经济学理论加以解释。

青少年性行为正在向社会经济学的积极方向转变,而年轻人为性行为付出了高昂的代价。当我们意识到青少年在对我们所处的经济环境做出反馈时,青少年性行为就比较易于理解了。

——不平等造就了一种绝望文化

也许你已经注意到,莎拉所在学校的年轻人具有不同的社会经济背景。事实上,这所学校的生源主要来自于两个差异很大的社区:其中一个小区居住的都是富裕并受过高等教育的人,而另一个社区都是社会保障型住房,很多人靠社会救助生活——"贫民区"。

也许你也注意到另外一件事,这学校里的青少年怀孕率相当的高。在莎拉所在的毕业年级大概有两百名学生,本来已经生育的女生大概不超过八人,不过参考那些来看自己朋友参加毕业舞会的女孩子数量,学校里的怀孕率远不止于这个比例。

经济学家梅丽莎·斯凯蒂尼·卡尼和菲利普·莱文发表的论文中提供了一些有趣的证据,可以用来解释为什么莎拉所在的学校青少年怀孕率如此之高;他们的理论是学校内学生之间差异巨大的经济背景发挥了重要作用。

在美国我们观察到一个有趣的现象,就是青少年怀孕率在不同的州之间存在着巨大的差异。这些研究就是利用了州与州之间的差别对

避孕套在学校的推广使用却提高了青少年怀孕率

当一个人在发生第一次性行为时,需要克服一个心理障碍,在经济概念上,这类似于一项固定成本:一次性支付后不再需要支付的成本。青少年最初也许会选择不去发生性行为,以此逃避支付这项固定成本,但是一旦他们失去处子之身,就会选择再次发生性行为,因为固定成本已经付掉了。

如果学校在青少年之中推广避孕套,势必造成对处子之身的期望成本降低,那么避孕套的推广就会促成青少年之间的乱交行为,无论是短期还是长远来看都是如此。青少年会更早地开始发生性行为(短期),并且会在将来继续发生性行为(长期)。短期来看,避孕套的使用率高,青少年怀孕率就低,但是从长远角度,青少年的怀孕率会升高,因为避孕套的使用方法往往是不正确的。

经济学家彼得·阿西迪亚科诺、艾哈迈德·赫瓦贾和欧阳李晶支持一项制度假设:限制14周岁的学生使用避孕套会导致在法律生效当年发生的无保护措施

DOLLARS AND SEX:
How Economics Influences Sex and Love

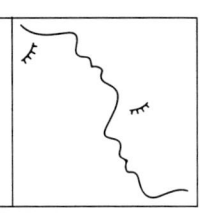

性行为增加 8%，三年内增长 4%。但是当更多的学生发生无保护措施性行为时，另外一部分学生会选择根本不去开始性行为；青少年性行为发生率在该法律生效当年下降 3%，三年内下降 5%。

由于无保护措施性行为的增加，导致了性行为的减少，怀孕率也相应地在三年内下降；这表示限制青少年使用避孕工具是降低怀孕率的有效举措。

这个结论的问题是，该政策假设年轻人（14 周岁）受约束并回应能否使用避孕套这一微小改变。例如，比起年长一些的青年人，他们可能很难走进商店去购买避孕套。所以当政策假设对于他们的行为作出某些约束时，究竟限制多大年龄不可以购买避孕套是个难题。同时该假设也忽略了一种可能性：越早开始使用避孕套越能增加使用它的意愿，同时提高使用它的技巧，而这些都会影响青少年未来的人生。

比，发现收入水平的不平均促进了青少年怀孕率上升。在那些收入两极分化严重的州里，被称之为"绝望文化"的东西盛行于毫无优势的居民中。这种文化降低了青少年对于在中学时期就生儿育女的感知成本；因为假设那些女孩要生孩子（而且多数会的），她们就不可能超越现在所处的生活圈子，无疑会是社会最底层的年轻母亲。

考虑到文化层面，我们通常认为这是我们作为独立个体的外部表达，其实这也是我们周遭世界的某种外部表现；这有点类似于我们继承的棕色眼睛或者难看的脚型。经济学家们认为文化是源自内在——是社会经济环境作用下该社会内部的决策形式。是的，我们继承了文化，但是从某种程度上讲，这是因为我们继承了这种经济环境。如果经济环境改变了，那么社会文化也会随之改变。

所以贫富悬殊在贫困家庭中创造出一种文化，他们认为经济困境是无从选择并不可改变的。

试验中的证据显示，来自贫困家庭的青少年女性，多居住在低收入的社会底层比例大的州，比起居住在高收入家庭居多的州的女孩子，穷女孩在20周岁时生育过孩子的比例高出五个百分点左右。

此外，这些女孩终止怀孕的比例，比起富裕家庭的女孩也高出将近四个百分点。

所以在低收入和高收入州之间，不仅青少年怀孕率存在着很大差异，当她们怀孕时也更倾向于做流产。

当特洛伊询问姑妈是否申请大学所需的课程时，她的反应生动地展示了这种绝望文化在青少年性行为方面扮演了怎样的角色。特洛伊的家庭几代人都徘徊在贫困线上，同时期，他们所在社区的富裕家庭却掌握着绝大多数的财富。特洛伊的家庭从过去就无力改变前途，这个家庭已经绝望了。

他的家人认为他不可能超越当前的生活水平，导致对他或者他的表兄弟能够读完中学不抱任何期待。基本上这种经济困境阻挠了特洛伊完成中学学业，实际上不会有人告诉他，此时这个关于他受教育水平的决定会对他的未来意味着什么。另一方面，特洛伊的表兄弟完成了中学学业，却也止步于此。他找了份工作来养活女朋友和孩子。这样的选择也许不能使他们的低生活标准成为必然，但确实使提高生活水平变得难上加难——如果他们没在中学就生养小孩，也许还有点机会。

——高等教育是一项特权

对于多数学生来说，绝望文化对他们的消极影响，致使他们放弃进入大学的念头也无关紧要。如果大学是人人都能上得起的话，那么即便是贫困家庭的青少年也可以梦想有朝一日依靠一纸大学文凭找到份高薪工作了。接受教育本身就价格不菲，这种情况使很多学生无法承担大学学习的费用。如果事实的确如此，那么在中学时期就生育子女并不会阻挠他们接受更高的教育——因为本来也没机会。

这表示青少年怀孕率和大学教育的价格之间存在着某种关联。

本杰明·考恩最新的论文中使用了国际上具有代表性的美国数据进行判断：在社区公立大学学杂费低廉的州里，青少年是否会因为有更乐观的继续深造前景而做出更好的性行为决策。他发现社区公立大学的学杂费用每下降1000美元，17周岁的中学学生中发生性行为的人数就会下降惊人的26个百分点。

他同时还发现当能够负担大学学费后，学生们也会相应减少参与其他有风险的行为，比如吸烟（下降14%），吸大麻（下降23%）。

当然，这个论断的假设前提是年轻人都很理性，都具有一定远见，他们深知当下发生有风险的性行为将会威胁到他们的前途。这种青少年在面对需要抉择是否发生性行为时能够保持理性的假设听起来很难让人信服，不过论文中表示对于很多在中学的最后一学年的学生来说，大学学费每提高1000美元，希望继续在学校深造的人数就会下降5.7%，这恰恰说明年青一代在抉择未来何去何从时，继续接受教育的成本正是他们考虑的因素。

研究人员同时发现比起有意愿继续留校学习的人数，实际付诸行动的人数要少得多：临近中学毕业的学生，83%的人认为他们会在一年内申请大学，而仅有56%的人真的进入大学或者社区学院。那些看似虚假的志愿解释了为什么我们得以观测到青少年性行为的重大改变；尽管证据表明不是每个学生都能继续在校学习——他们根本不需要继续，他们只是需要相信这是可能的就够了。

早先我说过，美国青少年的怀孕率在发达国家中是最高的，超过其邻国两倍（美国青少年女性生育率是千分之三十九，加拿大为千分之十四）。如果将美国的青少年怀孕率与那些对公众提供低廉收费的高等教育的欧洲国家对比的话，差距更大。美国青少年怀孕率超出德国和法国三倍；超过荷兰四倍之多。显然，经济因素解释了为什么美国青少年怀孕率和其他发达国家差异悬殊：比起其他国家中低收入家庭的青少年，美国贫困家庭的孩子们对于得到继续深造机会更不抱希望。

——更少的性行为却带来了更多的性传播疾病

正如我已经说过的，存在于美国中学的乱交行为在近20年间有所下降，青少年生育率从1991年至2009年也下降了三分之一。青少年之间的性行为频率下降，也更加有意识地采取保护措施，但是仅仅在去年，24周岁以下的年轻人中性疾病的感染者就增加了50%，这到底是为什么呢？

要理解这个问题，可以假设一所学校有100名学生，其中有50名有性行为。他们的性别和是否是异性恋并不重要；重要的是他们是否是一对一的情侣关系：毕竟他们是青少年，一学年内每个人都可能有过几个性伴侣。

年初，有一名学生是STD感染者。假设学生之间没有固定情侣关系，那名感染者会传染他/她的性伴侣，他/她又会传染给其下一名性伴侣，以此类推。年末时，这50%的学生中有将近半数的人，据推测已经通过性行为感染了STD。

接着假设在接下来的学年里，又有100名学生入学，不过这中间只有40人有性行为。于是在新的一年里，又有一名学生是STD感染者，这个过程就会再轮回一次。假设有性行为的学生减少，我们可以推测在年底感染者也会更少。不过这种推测很可能是错误的。

当学生们发生性行为时并不会仅仅选择有性经历的"同道之人"，他们有可能转而选择那些没有发生过性行为的学生，这些"新人"也加入有性行为的人群。这些"新人"理应是最该采取稳妥保护措施的人，也是高度"风险厌恶"型。

例如，想象一下如下三个人的行为。第一个人是高度风险厌恶型并且坚持使用避孕套。第二个人风险中立型，对避孕套的使用不坚持也不拒绝。第三个人是风险偏好型并坚持无保护性爱。

过去，当很多青少年都有性行为时，风险厌恶型会和风险中立型形成稳定的性行为关系。如果事实如此,双方都能免于感染性传播疾病(风险厌恶型会坚持使用避孕套,而风险中立型会遵守)。

当性行为的成本增加时,比如大学教育对于未来收入变得更加重要,风险厌恶型的青少年就会终止发生性行为。中学性行为市场上的绝大多数就仅剩第二类(风险中立)和第三类(风险偏好)人群。

风险中立的人曾经因为风险厌恶型伴侣的坚持而免于感染疾病,现在的性伴侣却是风险偏好型。后者坚持不使用避孕套,风险中立型也会欣然接受,于是双方感染疾病的风险都增加了。

当绝大部分风险厌恶型的学生离开性行为市场后,疾病感染率不但没有下降,反而大幅上升。这是因为发生性行为的青少年中谨慎小心的性伴侣离开了他们过去的伴侣——风险中立型——甚至是风险厌恶型,而这些人也不会再发生安全的性行为。

经济学家们称这种转变为粗放边际——换句话说,安全性行为伴侣离开市场,余下坚持发生性行为的青少年疾病感染风险会升高。这类变化导致对于STD感染率增加,还有一个"集约边际"上的改变——那些仍然身在青少年性行为市场的人改变行为方式也会加大风险。

经济学家彼得·阿西迪亚科诺、安德鲁·比彻姆和马乔里·麦克尔罗伊最近发表的论文中表示,当校园中的女性学生人数远远多于男生时,性别不均会助长女生想要发生性行为的意愿。(这类似于之前提到过的大学故事,当大学男生掌握"市场主导权"时,女大学生会发生超过自己意愿的性行为。)

比如他们发现,当十二年级的男生比同级女生多时(译者注:此处当是著者笔误,"多"应为"少"),十二年级的女生有伴侣并发生性行为的程度要远远超过她们自身想要发生性行为的意愿。而且十二年级的男生谈恋爱和发生性关系的程度与他们的主观偏好趋同；他们乐于通过谈恋爱解决性需求。

这就是说，在十二年级，男生在性行为方面拥有绝对的议价主导权，因此他们想做多少爱就能做多少爱，女生在这方面的议价权就偏低，因为她们并不想发生这么多性关系却不得不就范。

这种关系的存在就像在大学市场，由于十二年级女生需要为男生的稀缺而展开竞争，不仅因为男生完成中学学业更困难，也因为十二年级的女生还需要和那些乐于与学长谈恋爱的学妹们竞争。市场赋予高年级男生的优势不仅给女生造成压力，使她们同意在恋爱中发生性关系（哪怕这并非自己所愿），也将另一项议价主导权交到了男生手里，他们可以自由决定是否采取保护措施预防性传播疾病（比如使用避孕套）。

在无保护性爱中女性面对的感染风险比男性要高，如果男性拥有主导权决定是否使用避孕套，那么避孕套的使用率必然较低，这是因为他们做出决定时面对低成本的无保护性爱，更受争议的是，他们甚至可以从不使用避孕套中获得更大的利益。

基于这一事实，高年级男生不仅仅只传染同年级的女生，也同样会交叉感染一群低年级女生。你可以把这理解为疾病在学生中的"传代"。

这就把我们引向本章之前我提到的人种问题，参与调查的女孩中，黑人女生STD的感染率高于白人和西班牙裔女生。该论文的著者注意到在中学学生中存在着高度相似的比例特征；特别是他们发现调查样本中有86%的情侣双方是同一人种。黑人女性更加愿意和黑人男

非洲的禁欲程序导致了青少年中艾滋病风险升高

肯尼亚有HIV（艾滋病病毒）教育程序，就是教育年轻女性品行端正的价值、拒绝的技巧和婚前禁欲。尽管这称之为禁欲，21%的八年级女生和48%的八年级男生表示他们有过性行为。在这个教育程序中并未提及避孕套的使用，这也许导致了HIV传播率在肯尼亚的年轻人中居高不下：年龄在15岁的女生，3%；年龄在20岁到24岁之间的女生，19.9%；以及年龄在25岁到29岁之间的女生，13%。

肯尼亚女生中的HIV传播如此之广——实际上比同龄男生高出四倍之多，其主要原因之一是女生会与年长很多的男性发生性爱关系。比如，在八年级女性中那些怀孕的女生有49%表示对象大自己超过5岁，16%表示对方大过自己10岁以上。

这种现象的经济学解释是，年长男性表现得像"干爹"，借金钱和礼物来交换年轻女孩的无保护性爱。

斯坦福的经济学家帕斯卡丽娜·杜帕斯最近发表了一系列实验结果。实验中研究者们介绍一项教育程序到随机选取的肯尼亚部分学校，给学校的学生们一个

DOLLARS AND SEX:
How Economics Influences Sex and Love

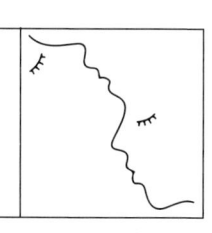

简单的信息：在邻近的城市，HIV 在不同年龄和性别的人群中正广泛地传播着。他们仍然停留在国家指导方针的层面，并不提到避孕套的使用问题，但是如果学生提出该问题他们会予以回答。

在该程序开展后的一年里，女生会被告知与年龄大的男人发生性关系感染 HIV 的风险更高，这些女生的怀孕率比仅仅接受禁欲教育的分组低 28 个百分点。下浮最多的是与年龄大五岁的男性恋爱并怀孕的分组：这一组女性减少了 61.7%。此外，实验中接受该教育课程的女生组中有 36% 表示在最近一次性关系中使用了避孕套。

我们并不能明确这种简单易行的程序直接降低了 HIV 的发生率，还是降低了与年长男性发生无保护措施的几率；不过这个在 71 所不同的学校放映、仅仅耗时 40 分钟的幻灯片，已经让研究者成功减少了 30 个婴儿的出生——来自 15 岁的妈妈们。这一程序显著地改变了学生的行为模式。

性在一起，而不是其他任何肤色的男性。99%的黑人女性和黑人男性发生过性关系。同时，他们发现调查对象中的黑人青少年男性则更偏向于与其他肤色的女性谈恋爱；11%的黑人男性其伴侣是其他肤色的女性。

当我们考虑到观察结果——近期高校中黑人男性的毕业率介于7%到11%之间，该比例低于黑人女性（数据来自于詹姆斯·郝克曼和保罗·拉方丹的研究），所有证据都显示出黑人女性不仅需要内部竞争，还需要和其他肤色的女生竞争，毕竟高校市场上的黑人男性太少了。

阿西迪西科诺论文中的证据——我之前也指出过——这种性别失衡会导致黑人女性发生性行为的频率远远超过她们自己的意愿。并且，掌握在黑人男性手中的议价权赋予了他们市场主导权，结果就是发生更高比例的无保护性行为。

高校中的性别失衡导致了黑人青少年女性的高风险性行为比例居高不下，也导致了更多的怀孕和更多的性传播疾病。

这个话题可以讨论得更深远一点。也许你还记得在第四章中，我们提到过黑人男性高企的监禁率，以及它导致的黑人女性结婚率下降。在史蒂芬·梅赫兰发表的一份相似的论文中显示，当成年黑人男性监禁率每增加一个百分点，黑人青少年女性平均生育预测年龄就增加七个月之多。

面对年轻黑人男性的高监禁率，年轻女性也相应地延迟发生性行为；她们在自我保护避免再次怀孕方面做得更好，这大概是考虑到孩子的父亲在未来并没有能力给她们一个安稳的家。

——禁欲会使内心更加渴望，这会不会使情况升级呢？

美国的联邦政策对禁欲型性教育强加给学生们这样的禁欲课程的评价："婚外性行为很可能造成心理上和生理上的双重伤害。"所以即使没有预见到怀孕或者疾病的后果，在中学时期发生性行为会从感情上伤害到青少年，并且影响他们顺利毕业。不是吗？

真相是青少年性行为是否真的会造成心理伤害，研究人员并不能找到任何证据来支持这个论点。

约瑟夫·撒比亚和丹尼尔·里斯的论文中，针对这个话题使用了大量全国性的典型样本，将美国学生划分为三个阶段：1995、1996和2001年。他们发现推迟一年发生性行为可以使青少年女性中学毕业的可能性提高4.4%。延迟失去处子之身在学业上是有帮助的，不过这仅限于白人女孩中。他们发现不论是黑人女孩还是西班牙裔女生，其失贞与中学毕业率之间并不存在任何关联。

如果没能从中学顺利毕业是一项心理上的伤害，那么早期性行为被证实仅仅会伤害白人女生。这个结论的问题，是尽管研究人员剥离了很多可能影响性行为和中学毕业率的因素，他们忽略却了一项：青少年怀孕。考虑到女孩很可能会因为性行为而怀孕，那么早一年发生性行为就会增加她在中学期间怀孕的几率。

我们不能用这项证据就断然下结论说，过早地发生性行为对女生造成心理上的伤害，因为我们早已知道在青春期就肩负起养育孩子的责任，会给完成中学学业造成多大的困难。

同一篇论文中还提出，推迟一年发生性行为并不能显著地提高青少年男性的中学毕业率，这个结果不随人种改变。也许你会根据这一现象得出结论说，性行为对男性基本不会造成心理上的伤害，不过实

卖掉她们最宝贵的资产

青少年女性被反复告诫不要轻易放弃她们最珍贵的资产——贞操。多年前，内华达州的一所妓院宣称要卖掉娜塔莉·狄伦的初夜权；这是一位21岁的大学毕业生，她的初夜权被开出三百八十万美元的天价。这件事让很多女性思索着这项"资产"是否真的价值不菲，在当时，有很多女性试图重现娜塔莉的成功。不过市场力量发挥着主导权，即使出现过这种不寻常的成功案例，通过买卖初夜权获利在未来也不太可能发生。

法比奥·马里亚尼最近发表的一篇文章指出，对于贞操价值的跨社会认知变化与女性在婚姻市场上能获得多少机会紧密地联系在一起。他在文中还描述道：如果一个富人邂逅一位穷姑娘并且坠入爱河，而这位姑娘是个处女的话，他会不在乎她的家境而愿意娶她为妻。如果这位姑娘不是处女，他则更愿意娶一个家境富足的处女为妻，哪怕自己并不爱这位富家女。

对于穷苦姑娘保持处子之身的回报就是，她有机会嫁给富人并且受益于其高收入。任何减少这种婚前贞操期望回报的因素都

DOLLARS AND SEX:
How Economics Influences Sex and Love

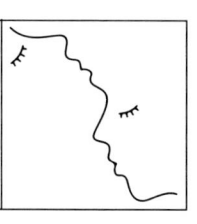

会减少女性能够得到的补偿，从而变相鼓励女性放弃守贞，发生婚外性行为。这里说的补偿就是她"卖掉处子之身的保价"。

就观察来看，在发达国家中男性之间收入不均导致了这种现象：当男性贫富差距拉大时，女性可以获得保持贞操的更高价值。

同时，贞操市场只有一个门槛：参与者必须保持住贞洁直到交易的那一刻。这种几乎零门槛的市场意味着激烈的市场竞争，从而导致其价格回归到一个较为公平的市场价值。我不禁怀疑，男人愿意支付的充分竞争贞操市场价格实际上远低于大部分潜在卖家的最低销售价格。

消除贞操买卖市场的利益链的最终因素是，在西方，作为贞洁的卖方需要面对来自对贞洁的价值期望低很多的竞争对手。处女在美国—墨西哥边境城镇的价格仅为400美元，这远低于成千上万沦为娼妓的西方女性能赚到的钱。

情是当男生导致自己女朋友怀孕生产时，他自己早已经毕业了。

抛开生育孩子这个因素，如果女生能够采取有效的避孕手段，我们也不能确定这些女生的中学毕业率和何时开始有性行为这两者之间是否存在关联。性行为会给女性造成比男性更多的心理伤害这件事也仅仅是个猜测。

这篇论文的作者提出了一个有趣的建议，禁欲型教育应该摒弃"婚前性行为会造成心理伤害"的说法，而改用更"巧妙的说法"。我肯定你和我一样好奇这种实验结果应用在教室里会是什么样子。

例如，也许老师们应该给他们的学生一个严厉的警告，警告他们性行为会造成心理伤害，然后再说明男生可以发生性行为，不用担心这会影响他们的在校表现，但是只能选择黑人女生或者西班牙裔女生——她们同样也不会受此影响。

至少这个说法能吸引孩子们的注意力。

还有一个问题：如果青少年性行为会造成心理上的伤害，那么眼见过自己的好朋友因为发生性行为而遭受不良后果的孩子们，为什么没有从中吸取教训并且避免重蹈覆辙呢？

大卫·卡德和劳拉·朱利亚诺最近发表的论文提到了关于青春期健康纵向调查的不寻常特征，该调查让研究者们辨识高中的同龄人群，并且通过观察结果回答下列问题：如果一名学生最好的朋友有过危险行为（性行为、抽烟、使用大麻或者逃学），该学生参与其好朋友的危险行为几率有多大？

要好的朋友大多来自于相似的家庭环境，比如同样的种族和年龄，有着相似的教育目标，对风险有着相似的好恶。著者即使剥离了这些因素，仍然发现如果一个学生最好的朋友已经有了性行为，那么她或他会有高出学生平均水平4.5个百分点的概率在接下来的一年里发生性行为。如果他们的朋友有"私密关系"（尤其是已经上了"三垒"的），他们也开始有私密关系的可能性会比学生平均水平高出4个百分点。

好朋友效应在单亲或双亲都没有完成中学学业的家庭中同样显著——都会增加青少年发生性行为的可能性。

对于这种性行为上的好友效应有一个合理解释：年轻人总会凑到一起吸食大麻，而吸食大麻之后发生性行为的比例极高。或者他们会聚众饮酒，而醉酒也会导致极高概率发生性行为。总而言之，虽然吸大麻并不直接增加青少年发生性行为的人数，但有个吸大麻的好朋友却（在很小程度上）增加了学生也去吸大麻的可能性，不过这并不能直接解释性行为的增加。而且，尽管饮酒会（显著地）增加性行为发生的可能性，但是有一个酗酒的好朋友并不会导致该名学生的饮酒量高于学生平均水平。

这就留给我们一个不容易接受的解释：青少年会意识到性爱是令人愉悦的事情，至少部分年轻人在看到自己朋友做爱后没有发生任何预期的消极后果，这就鼓励了他们也如法炮制。

另有一份论文可以解释好朋友效应。杰里·费尔南德斯-比利亚韦德、杰里米·格林伍德和盖·古纳在文中提到，随着避孕药变得更加有效，婚前性行为的风险随之降低，父母们减少了在预防青少年发生性行为上的投资。

父母保护孩子们避免发生性行为的方法之一，是告诉孩子们婚前性行为是一种可耻的行为。沿用我们刚刚讨论的来自青春期健康纵向调查的数据，论文的著者发现当青少年的朋友们如果已经有了性行为的话，那么他们也很可能已经有过性经验，如果他们真的相信性爱是一件令人羞耻的事情是不会这么做的（通过回答问题来测试羞愧感，比如"如果你母亲得知你有过性行为，你会作何感想？"）。

这说明青少年会追随朋友的脚步行动——如果朋友们有过性爱经验那么他们也会去尝试——就是说朋友们有过性行为会减少他们的羞愧感，或者耻辱感，这就是青少年对性爱的认知模式。

——本章结语

还记得我在本章开头提到过的年轻人吗？那个告诉我会等到自己21周岁的时候才找女朋友的男生？这个故事有趣的地方就是他母亲对于这个不出门去"享乐"的儿子感到恼怒不已：这孩子一点也没有自己当年那种年少轻狂的样子（实际上当年她的年纪还要小得多）。

并非每个人都像我这位天真的朋友那样，记得自己年少时是怎样发生的性行为，不过有趣的是现在这一代年轻人的父母很可能是在中学时发生性行为的第一代。

就我个人而言，我还记得那是在我刚满20岁不久，我的圈子处于性解放运动尾声，后来者并没有我们这一代年轻时如此性自由。在当时，我的理念是性解放来自于围绕HIV/AIDS的认识。事后想来，对于疾病的恐惧可能在减少青少年乱交上起到了重要作用，不过20年间平稳而坚定下降的青少年乱交比例，用经济学解释更为稳妥。

最近媒体在报道青少年乱交现象减少时提到，恐惧在改变该行为上扮演了重要角色，我想他们是对的。如果不是因为害怕生活会因为有孩子而变得艰辛，青少年根本就不需要电视来告诉他们逛商场时是否带着哭闹不止的孩子完全是两个景象。出于在经济上落后于人的担心使部分职员在过去30年间切实地提高了生活水平，他们在中学毕业后选择了继续深造。基于害怕变成收入垫底人群使每个人都力争在这场竞赛中保持不落后，这也造成了大量的浪费式消费。过早的生儿育女会造成整个人生挣钱能力不可逆地降低，这一认知促使少男少女们在性行为方面慎之又慎。

当然，这些经济上的刺激带来了美国青少年怀孕率的持续下降，这在其他国家也是行得通的。比如，所有的青少年都应该相信，刚成年时就怀孕会减少他们一生的收入，这会刺激他们放弃冒险行为。不过事实是低技术工人的挣钱能力并不会受年轻时就生育孩子影响。而从非技术员工转变为技术职工所需要花费的投资远远超过了低收入家庭能为孩子们支付的能力，于是对他们的性行为可能造成的影响就无从说起。

本章起始于描述经济学是如果形成了青少年性行为的社会规范。另外我还有一个想法：在社会经济群体中的社会标准，在当代经济作用下日渐式微，对于青少年性行为也逐渐变得容忍了。经济学预期至关重要，因为没有它我们理解的因果关系就会本末倒置——人们因为其性行为而被经济边缘化。这种曲解轻易地忽略了现实中高收入家庭的青少年并没有因为有更高的道德标准而减少乱交，而是因为他们面对完全不同的经济刺激体系，这种体系形成了他们交流的标准方式。

如果你有兴趣阅读文摘小报，也许你会认为拥有最多性伴侣的人来自于截然不同的社会经济群体——那些特别富有的男性。尽管我不会马上跳到这一结论。实际上，我们即将看到，收入水平决定一个人的忠贞程度这方面，女性要比男性严重得多。

第八章　淘气是天性

——直到你走到生命尽头……或者至少你准备好说"是时候改变了"

谷歌有个非常有趣的特性叫"预测查询内容显示"，当使用婚姻相关的搜索时，这种预测显示出几乎每个网络搜索者的婚姻都是不愉快的生活阶段的开始。

比如根据谷歌，如果你输入"为什么我的妻子……？"很可能你想输入的是："不再爱我"、"没有原因的哭泣"和"不想我碰她"。

如果你尝试键入"为什么我的丈夫……？"谷歌会很贴心地提供最常用的内容："讨厌我"、"忽视我"和"出轨"。

本章是关于那些达到某个人生阶段的人们，他们大概会以"我的婚姻已经……"开头，并且以"结束了"、"失败了"和"陷入困境"这样的输入结尾。

虽然我不能告诉你"怎样确定何时……""结束这段关系","分手"或者"离婚",不过我可以提供一系列关于为什么会发生出轨的经济学透视。

我们还是先从一个故事开始说起。

伦纳德是个好男人。他遵纪守法,为与他有共同理念的当地政客做支持工作;他也参与教会活动,为翻修教堂筹措充足资金发挥过重要作用。伦纳德拥有成功的事业,工作中他在刚入行的新手面前俨然是一位严厉而又关爱他人的父亲形象,为此他深感自豪。

值得一提的是,伦纳德在遇到现任妻子之前有过一段婚姻经历,不过在第一段婚姻里所出现的问题是他始终不愿提起的。

他们在20世纪70年代早期结的婚,那时他还在学校做进修研究生,已经是两个孩子的父亲,始终保持着活跃的性生活。多年来他们保持着激情,频繁外出做爱,尝试双性恋和性幻想,与其他志同道合的夫妻一起在换妻俱乐部享乐。

可是随着时间的推移,伦纳德厌烦了这种性爱经历,开始试图说服妻子逐步升级性爱刺激,这远远超出了她能接受的范围。最终她忍无可忍,伦纳德已经把她逼到极限了,于是她停止了婚姻范围以外的一切性行为。起先伦纳德同意了这种改变,意料之中地,两个月后妻子从一个朋友那里听说了伦纳德想独自参加换妻俱乐部的事情。

这种背叛致使他们的婚姻走到尽头,讽刺的是,没有了性伴侣,也就终结了伦纳德参加换妻俱乐部的体验。

恢复单身后要比想象中更加缺少性爱欢乐。甚至于在遇到现任妻子之前的五年里,伦纳德不得不通过招妓排解性欲。现在他已经年过50并且再婚,对于性爱的追求也逐渐掩盖起来。在与第二任妻子的性

换妻俱乐部正在窃取性交易市场的份额

现代社会已经对于已婚夫妇的性放荡行为全然接受,根据经济学家法比奥·多尔兰多的说法,这不仅仅使更多的人参与性放荡活动,也鼓励了这些性开放的夫妇发生更加激进的性爱行为。

当然,任何时候都会有夫妻喜欢聚众乱搞,不过要付诸行动的代价却很高。我指的并不是参与这种活动的收费,虽然这也是需要考虑的因素,而是换妻的期望成本:例如,失去声誉的风险,或者是并不好的体验并且最终导致婚姻破裂的风险。不过,随着时间的推移,因特网可以让人们轻易地找到志同道合的夫妻,从而一起享受性放纵的体验,这降低了相应的风险,也降低了换妻的期望成本。

按照多尔兰多所说,这种成本下降鼓励了更多的夫妻参与到换妻活动中,促使他们从"温柔的"性行为(比如夫妻双方在床上做爱,就像每对普通夫妻做的那样)转变成"更刺激的"性行为(比如加进来一个男人和妻子或者丈夫或者三个人一起做爱)。

换妻参与者刺激的性爱行为增加了该市场上单身男性的比例,从经济角度来分析这个案例就变得异常有趣。

俱乐部组织换妻活动让尽可能多的单身男性加入进来,这是有见不得光的经济刺激的(这是

DOLLARS AND SEX:
How Economics Influences Sex and Love

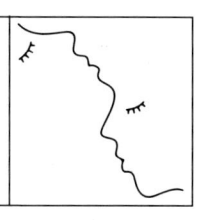

一语双关）。很多夫妻并不想让这些单身汉加入俱乐部，但是因为单身男性对加入的需求程度超过了其被需求的程度，他们加入俱乐部就需要支付高价。俱乐部的拥有者都希望利益最大化，所以愿意给肯出高价的单身男性提供一席之地。

也因为夫妻们追求更刺激的性爱体验，俱乐部对单身男性的需求也随之水涨船高。这种数量上的需求空间增加又给了单身男性降低加入俱乐部入门费用的主动权。于是，越来越多的单身男性开始加入换妻俱乐部。

对单身男性而言，换妻俱乐部是嫖娼的替代品，要是有人上过介绍经济学的课程就会知道，如果两件商品具有相互可替代性，其中一项商品或服务的价格下降，那么对该商品的需求相对于另一项商品就会增加。

所以说换妻俱乐部正在侵蚀性交易市场的份额——为单身男性以更低廉的价格提供了相似服务。

有人告诉我参与换妻俱乐部的单身女性叫做"独角兽"——如神话传说中才有的生物一般的存在。毫无悬念，这种女性可以免费加入俱乐部。

爱关系中，伦纳德显得成熟得多，当然，也仅限于婚姻范围内。

这件事的结果是随着时间的推移，伦纳德感到越发孤独。他爱自己的第二任妻子，真的很爱，然而他渴望着新鲜的性爱体验带来的刺激感。最重要的是，他渴望和一个对自己热情如火的女人做爱，想象这样一个女人赞美他的性能力，使劲浑身解数取悦于他。

简而言之，他想要被崇拜。

终于情况发生了变化，伦纳德注意到自己的身体开始变得力不从心了。工作上的升迁赋予了他更高的权威，公司新进的年轻职员们则给了他更多一对一的人际交往。伦纳德感到庆幸，这也许算不上被崇拜，但是凭现在的社会地位他可以方便地给年轻一代性开放的女性提供一些别的东西。

我的一个朋友曾经告诉过我，当你形单影只时倍感孤独是一回事，如果结婚了还在孤独感中煎熬那就彻底没救了。出于这个原因，我想我应该告诉你，伦纳德找到了他苦苦寻觅的这种令他满意的关系。不过这来自于伦纳德新职位的权威性。就算他再年轻些并且单身，也不足以吸引女性和他维持短期性关系。他现在联系的女人挺喜欢他，也许享受与他的暧昧调情，不过双方都没兴趣去"兼职恋人"。

所以说伦纳德对于第二任妻子是一个忠诚的丈夫，并非是他信念忠贞，而是由于婚外情人市场上没有可供选择的余地。

谁也说不清楚婚外情性关系有多普遍；粗略估计出轨的发生率大概50%——半数男女在婚姻中都会背叛其伴侣。

这种估计的问题是，"忠诚"对于婚姻来说往往具有特殊的含义，导致用数据监测其结果并不够严谨可靠。如果你坐在桌前正在对同事进行性幻想，那么你算不算不忠诚呢？有些人认为是，这些人对于婚姻不忠的度量标准很高，会把这种行为也列入范围。如果你在有伴侣的情况下和其他人发生性关系，算不算出轨呢？当然算，但是如果你的配偶容忍你的婚外性行为，或者和你一起与这个第三人发生性关系，这还算不忠吗？

对于不忠更可靠的测量来自那些有孩子的男人，他们误以为孩子是自己的，而事实并非如此。进化生物学家大卫·巴斯指出，在父系研究中，大约有10%的儿童属于这种情况。但是这只能衡量女性的不忠，在一个大约40%的新生儿来自于未婚女性的时代，这个衡量标准也难以评判不忠。

布鲁斯·伊尔姆斯里和格拉菲特·泰巴尔迪的研究发现，目前仍然和第一任丈夫或妻子生活的美国人中，7%的女性和14%的男性对问题"在婚姻存续期间，你有没有和丈夫或妻子以外的人发生过性关系？"给予肯定的回答。如果只考虑年龄在35岁以下的人，那么男性和女性出轨的几率相当，即7%的女性——对应9%的男性，有过婚外性行为。我们可以看到，这种不同年龄段带来的差距可能来源于出轨的时机，而并非社会的变革导致新生代男性更少出轨，从而和新生代女性出轨率大抵持平。

这些数字看起来很低，实际上是低估了出轨的普遍性，因为研究范围仅限于那些停留在初婚的人群——离婚人群并未纳入数据统计体系。唐纳德·考克斯通过研究对全美有代表性的调查，发现那些承认自己在婚姻存续期间有过出轨行为的人们大部分都已经离婚；46%的男性和56%的女性出轨者离婚了，相比之下，28%的男性和31%的女性未出轨者选择了离婚。所以说从数据体系中移除离婚人群意味着婚

偷情是一个动态不一致的问题

动态（或时间）不一致说明参数分析会随着时间变动而变动；在一个阶段看起来最优的选择到下一个时期很可能就不是了。这常用来解释为什么有时金融当局或者政府部门似乎毫无理由地启动某项专项行为。同样也能解释为什么很难做到不在婚姻中出轨。

举个例子来说明动态不一致性在偷情这件事上是怎么运转的。假设一位丈夫害怕妻子出轨，所以在结婚时他对妻子说，如果她出轨就离婚并且不会提供任何经济支持。在婚姻初期这是他最理想的选择——如果对方出轨就离婚——通过这种警告，他希望妻子不会这么做。

如果不久之后妻子遇到另一位倾心男士，并且想与他风流快活。虽然她的丈夫警告她出轨的后果，可是她清楚丈夫不会主动提出离婚，就算他真的提出离婚，无过错离婚法也不允许他不提供任何经济支持。对她来说丈夫的警告不具有威胁性，所以她选择享受婚外"性福"。

不久后丈夫发现了她出轨的事实，感到非常受伤，决定坚守婚姻，因为正如妻子预料的那样，丈夫并不想离开她；虽然他最初

DOLLARS AND SEX:
How Economics Influences Sex and Love

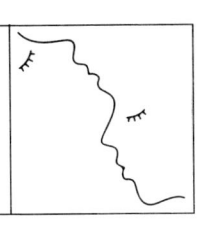

理想的选择是离开,可是由于妻子的出轨,他的理想选择变成了坚守。

这种动态不一致性问题的原因是很有趣的,我们意识到其存在便能找到方法加以解决。一个解决办法是,对于丈夫来说,如果妻子不忠就想一个好办法离婚。比如,他可以保持经济独立并且坚持签署一份婚前协议,一旦妻子出轨将受到经济上的惩罚。

从历史的视角看,夫妻之间的斗争并不是问题,因为政府已经颁布法律来严厉地惩罚不忠——尤其是女性不忠。就算世界上没有对不忠的法律举措,宗教信仰也将婚外性行为挂在耻辱柱上,所以偷腥者会害怕要下地狱。如果男人或女人因为羞于抛弃不忠的配偶而选择原谅对方的浪荡行为,社会普遍标准会鼓励其家人和朋友进行反对,这也起到相似的作用。这种机制有助于解决动态不一致问题,夫妻自行处理对不忠的惩罚。

总之,动态不一致理论告诉我们这些机制将会更有效地预防出轨,而不是强制遭遇出轨问题的夫妻继续履行婚约。

姻中倾向于出轨的估计要远远低于实际人口汇总的真实情况。

唐纳德·考克斯指出，25%的男性和14%的女性在一生中有过婚外情。如果我们只关注近12个月的行为的话，8%的男性承认发生过婚外情，女性该比例为3.5%。如果我们把同居的人也考虑进来，与结婚的人合并统计的话，承认有过出轨行为的比例便增加到34%的男性对23%的女性。我们都知道男性对伴侣不忠的行为要比女性普遍得多；不忠的男性在过去一年里与两个或以上的人发生过婚外性行为的人数差不多是女性的两倍。男性出轨倾向于选择年轻女性（这一点也不令人意外），而女性更倾向于和受过高等教育的男性发生关系。少女（年龄小于26周岁）的出轨率高于其他年龄段的女性，男性也在年轻时出轨的更多，不过年龄与婚外情之间的关系在男性之中并不像在女性之中那么显著。

也许你会想知道怎样通过经济学分析帮助我们进一步理解婚外情这种行为。毫无疑问生物学在促使已婚人士在婚姻之外寻找性快感方面发挥了决定性的作用，但是从某种程度上说，最终决定该行为的生理冲动来自于人们理性地搜索性快感最大化的途径。我们接下来会看到，这种决定不总是令人满意，尽管如此，在做出出轨决定的那一时刻，这仍然是最优解。

我来介绍一下即将使用的经济模型，以解释出轨问题。你也许会觉得似曾相识，我们在第一章用过类似的方法来解释性行为是如何随着时代的变迁而改变的。现在我们将用它来解释为什么有些男女会不忠而其一些不会。

——婚外情数学模型

婚姻中的男女出去偷情是因为他们认为利益大于期望成本。婚外情的期望成本看起来像是这样：

被抓到的可能性×被抓到的成本＝婚外情的期望成本

被抓到的可能性取决于实际情况。比如，假设有两位女士同时在考虑婚外情。第一位在外面工作，经济上是独立的，住在城区。第二位则没有工作，经济上不独立，住在乡下社区。在没有其他信息的情况下，有理由推测那位整日在家并住在偏僻地区的女士被抓到婚外情的概率要高于那位外出工作甚至有机会出差的女士。

"被抓到的成本"其实有一点复杂，但它是一种期望成本——没有哪位男士或女士确切知道出轨的代价，直到被逮个正着。假设无论是职业女性还是家庭主妇在离婚时都会因为通奸行为而得不到丈夫的赡养费，那么经济不独立的女性被抓到出轨就会损失更大。相反，如果即使出轨也可以得到赡养费，那么这位主妇则更可能成为赡养费的受益者，而经济独立的职业女性就损失更大。实际上，如果这位职业女性的丈夫收入更低的话，她很可能以成为赡养费的支付者而告终。

我们需要了解的最后一件事大概是，每位女士的丈夫都会在抓到妻子出轨后选择离婚。现实中我们并不清楚存在于男男女女中的真实可能性是怎样的。经济独立女士的丈夫也许会因为满足于夫妻双方在婚姻中稳定的经济状态而选择原谅，或者他宁可找一位虽然经济上不够可靠但忠诚于婚姻的妻子。家庭主妇的丈夫也许会离婚，因为他不想再养活不忠的妻子；但是也可能出于对年幼孩子们的保护而考虑容忍。

我们无法确定这些可能性，但是我猜想这两位女士已经想好了主意，万一丈夫发现自己不忠后决定要离婚，也可以应对。

我们就假设，家庭主妇被抓到出轨的概率是30%，行迹败露后她丈夫选择离开她的概率为50%，一旦离婚，她将失去家庭能提供给自己的价值100000美元的商品和服务。那么她出轨的期望成本为：

0.30×0.50×\$100,000=\$15,000

所以婚外性行为的既得利益应该更高才能诱使她就范；也就是说该行为的价值以货币形式计量要超过15000美元。

职业女性则面临着截然不同的风险和成本。假设她被抓到出轨的概率仅为5%，而她的丈夫发现她的劣迹后选择离婚的可能性为50%，一旦离婚，她将失去的来自于婚姻的价值为50000美元的产品和服务。那么她的出轨期望成本为：

0.05×0.50×\$50,000=\$1,250

所以对她来说，发生婚外性行为的成本要远低于另外那位女士。只要她能从婚外情中获得价值超过1250美元货币价值的利益就可以。

任何增加被抓住几率的因素（比如染上性传播疾病的可能性变大）或者增加配偶与其离婚几率的因素（比如对方去意坚决）都会增加出轨的期望成本。

显然，财务损失仅仅是这个分析中方便解释和计量的一个因素。其他难以计量的因素也是被抓到出轨的成本。比如，就算出轨的男女没有因此失去孩子们，也有可能失去孩子们的感情，更不用说离婚给孩子们带来的艰难时光。很多的出轨者，不论男女，因为出轨而面临被配偶付诸身体暴力行为的报复。他们可能就此失去配偶的爱情——这感情对于婚姻的价值其实是无法估量的。他们也许会被教会会友排斥，被家人和朋友们孤立。还有些人可能因此事业受损，尤其是婚外情中涉及到了同事或者客户时。更有甚者，为了婚外情而要以独自生活很久作为代价。

所有这些以及其他很多不可预料的因素，都是婚外情分析中的成本因素。

在发生婚外情之后的几年里，出轨者会意识到出轨这个决定并非之前想象的那样"随性而为"，尤其是某些期望成本变成真正的代价之后（比如，配偶发现了他们出轨的行为并且提出离婚），但是即便之后会为此后悔，实际上你在人生中做出的最坏决定，也是在做决定的时刻的一个随机抉择。

因为抉择都是基于产生不良后果的可能性而做出的，而不是基于确定的恶果。如果每个出轨者都明确知道自己一定会被抓到，自己的配偶和所在社区一定会追究自己的行为，而且自己一定会为此付出很大的代价，那么你我都可以猜到，还执迷不悟要去偷腥的人肯定会少之又少。

——一夫一妻制的神话

人类，和其他哺乳动物一样，不是天生的一夫一妻制；即使是极度浪漫主义的雌性树懒，传说中最遵从一夫一妻制的灵长类动物，也会在有机会的时候偷偷溜出去一晚，和附近的树懒性交。理解了成本利益分析中的利益方面，也就理解了出轨者在婚外发生性行为时生理需要的程度。

正如我们在第二章中讨论过的，在我们物种中的雄性展现出的生理需求是追求多个性伴侣。我认为对于这种男性特征最贴切的形容叫作"库里奇效应"。库里奇效应是用于描述各种哺乳动物的雄性，包

你会因为招妓而感到内疚吗?

很多男人都有过招妓这种婚外性行为。我已经说过,25%的男性表示他们在婚姻里有过其他性伴侣,但如果我们除去那些在性行为市场买春以外的情况,这个比例就会降低到19%。考虑到有将近20%的男性在其一生之中有过招妓行为,那么可以推测那些愿意花钱招妓的男人也更有可能不忠于其妻子。

一项由加拿大社会学家克里斯·艾奇逊主导的名为"约翰的声音"的研究(www.johnsvoice.ca)调查了大量买春者,并且询问他们是否在招妓之前和配偶讨论过这种行为。他们当中的大部分人已经招妓超过十年,站街女和其他方式都有。样本中接近半数的男性(781人中的371人)在招妓时已婚或者正在同居,还有的25%的被访者表示他们尚未结婚,但是正在谈恋爱。

这些男士中将近50%的人从未和任何人提起过自己招妓的事情。而曾经和他人提到过此事的男性中,23%的人告诉了男性朋友,17%的人告诉了其他的妓女,10%的人告诉了其他的招妓者,只有9%的人告诉了女性朋友。

大约有6%的男性样本向配

DOLLARS AND SEX:
How Economics Influences
Sex and Love

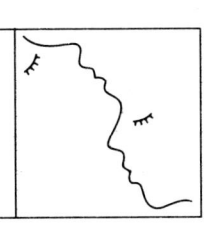

偶或者其他性伴侣透露过他们招妓的行为。调查期间处于恋爱阶段的男性中，79%的人表示他们尽量对伴侣掩盖自己招妓的行径，数据显示21%的人没有刻意掩饰（估计不是因为他们不在乎就是因为他们感到自己被抓现行的概率很低），另外，63%的人担心伴侣迟早会发觉。当被问到如果伴侣发现他们频繁招妓的事实会有什么反应时，61%的人认为对方会提出离婚，11%的人认为这会导致争吵，10.5%的人觉得配偶会伤心，5%的人觉得这会导致"一场灾难"，超过1%的人觉得这会引起暴力事件。

此项调查也问及关于家庭成员和同事的可能反应。当回答这类问题时，41%的被访问者表示，一旦他们嫖客的身份败露将面临"羞愧、难堪、耻辱或者被嘲笑"，17%认为他们会失去朋友和家人，13%认为这会导致多种后果，还有13%的人不在乎或者觉得没什么后果。

括人类，需要一位性伙伴，但最终将会对对方完全失去交配兴趣，除非遇到新的性伴侣；雄性动物天生不会让已经受精过的雌性反复受精。

20世纪50年代，心理学家弗兰克·比奇和利斯贝斯·乔丹在实验室测试了这种效应。他们把雌雄老鼠放在同一容器里让其交配，直到雄老鼠完成射精。一旦雄老鼠结束射精，就会对雌老鼠失去交配的兴趣，不论雌老鼠如何努力鼓励它继续也无济于事（这个情节也许听起来很耳熟）。当研究人员将一只新的雌性老鼠放进容器后，这只雄性老鼠就会又有交配的兴趣，并继续和新的雌老鼠交配。

以防万一你是个在性爱上受挫的女性，考虑再找个女人加入你们的夫妻生活来刺激你的男性伴侣的性趣，又或者你是一名已经厌倦现有女伴的男性，想说服你的女伴来个三人性爱，有一点你必须要清楚地知道：新加入的雌性并不能重新唤起雄性对原配偶的性趣——它只唤起雄性对新加入者的性趣。

对于为什么雄性会是这种方式的行为，有个比较通俗的理论，自始至终贯穿了整个进化史：拥有最多性伴侣的雄性（如果愿意，我们可以称其为"澳大利亚式淫乱"）也是拥有最多后代的雄性。我们大部分人是最淫乱男性的子孙后代，也就是说，当代男性骨子里也是渴望众多性伴侣的。

女性则更多地受限于她们能生育的孩子数量，如果拥有多个性伴侣不能增加孩子的数量，她们会终生忍耐，尽管这样可以提高她们孩子的质量。更高更健康的孩子存活到成年并且生儿育女的可能性更高。所以结论是，我们都是少数女性的子孙，她们是找到最高最健康的性伴侣作为孩子父亲的那部分女性。

有证据表明，女性天生会寻找高质量的性伴侣来达到多生优生的目的；某些研究发现，女性会随着月经周期而改变性偏好。比如，进化心理学家马尔蒂耶·哈兹尔顿和杰弗里·米勒研究发现，当研究中的被调查者处于排卵期时，93%的人表示倾向于找一位贫穷但是富有才华的男人发生短期性关系，而不太会选择有经济基础但是平淡无奇的男人。当被调查者为处于非排卵期时重复此项调查，仅有58%的女性会选择富有才情的穷人作为短期性伴侣。

排卵期对伴侣选择的作用并未反映到女性选择长期伴侣方面。你大概会猜测比起短期性关系，女性在长期伴侣方面会更注重财力，因为女性需要稳固的经济保障胜过优良的基因。不过，当被调查者在选择长期伴侣时，在"有才"男与"有财"男之间，大约有84%的处于排卵期或者非排卵期女性都表示倾向于"有才"的穷小子。

由进化心理学家伊丽莎白·皮尔斯沃斯和马尔蒂耶·哈兹尔顿进行的另一项研究，为我们的观点提供了更多的支持。研究显示，嫁给外貌欠佳男士的女性，在排卵期会更想寻找婚外情，嫁给外貌优秀男士的女性相对不会如此迫切。还是这些更倾向于寻找婚外性伴侣的女性，当她们受孕后，也同样表示自己的丈夫变得更具有吸引力和有爱；缺乏吸引力的男士似乎需要通过一定程度的示爱来报答其妻子的忠诚，以使妻子远离婚外情。

这种属于人类生物学方面的证据告诉我们，不忠于伴侣的行为所获得的利益，于女性或男性是截然不同的。

这意味着，当男性出轨时，是因为他足够优秀，可以说服自己妻子以外的女性就范，和自己发生婚外性行为。他能够达到目的是因为作为另一名短期性伴侣来说，他能够提供优良基因——可以提高女性

计划生育改变了女性对男性的偏好

如果排卵期给女性带来寻找更具有吸引力的男性作为性伴侣的生理冲动,那么想要制止妻子放纵的渴望的丈夫们可以鼓励她们服用口服避孕药,一举消除掉排卵期的隐患。可问题是:当夫妻俩决定"造人"时,又会发生什么呢?

根据科学家亚历山德拉·艾尔沃尼格和沃皮·卢玛的论文所述,女性服用口服避孕药会失去对男性阳刚外表的渴望,这本来会出现在排卵期——女性最具有生殖能力的时候。

该研究表明,当社会中有大量女性使用口服避孕药时,理想型"具有吸引力"的伴侣从看起来拥有优良基因(指更加具有阳刚气质的男性)逐渐转化为看起来很顾家的男性(指更加具有女性化气质的男性)。一项技术革新——口服避孕药的发明,导致了女性对伴侣选择偏好的改变。

我把这称之为贾斯汀·比伯效应。

那么,当女性在恋爱期间开始服用避孕药直到婚后停药开始备孕,这整个过程中,究竟发生

DOLLARS AND SEX:
How Economics Influences
Sex and Love

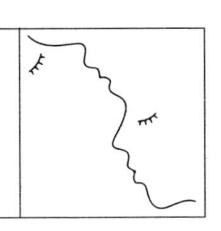

了些什么呢？我已经说过，当女性比较年轻时会更容易不忠于丈夫。女性出轨的时期与她本能地想找到更优秀的基因传给下一代的时期一致。而比伯效应也许可以解释为什么女性不会在第一时间就寻找更具有吸引力的伴侣；口服避孕药抑制了她们对寻找更加有阳刚气概男性的生理欲望。

事实上，优良基因是一种稀缺资源，理所当然地，物以稀为贵。优良基因的高昂价格阻止了大部分女性找到一位能够帮助自己把全部理想的品质遗传给孩子的长期伴侣。然而这并不能阻止她们另辟蹊径，就是先与具有其他优点的男性结婚——看起来会是一位好父亲的男性，然后找一位婚外性伴侣做自己孩子的生父。

当然，如果被丈夫抓到出轨，这位妻子的伎俩就会败露，最终导致离婚。这就表示增加基因质量的好处一定大于女性为之所冒的风险。

孩子的质量，这对女性具有足够的吸引力。

这样同时意味着，当一个女人出轨了，并不是因为她很抢手，而是因为她的丈夫没有那个想偷他老婆的男人抢手。女人之所以会就范是因为通过衡量，认为这可能给下一代遗传更好的品质，于是会和具有优良基因的男性发生短期性关系。

——这不是你的错，错在我

男人渴望出轨是出于延续自身的遗传基因；女人渴望出轨是出于对丈夫基因的优选——这是布鲁斯·伊尔姆斯里和格拉菲特·泰巴尔迪所论述的定证检验假说，这两位科学家我们在本章开头提到过。

该论点所述的不忠与生育相关，已在研究中被证实。男性在一生中具有生育能力的时期较长；他们背叛妻子的可能性会随着年龄的增长而上升，直到年龄达到55岁，在此之后的出轨可能性就会下降。女性出轨几率和年龄也存在着类似的关联性（增长和下降趋势），不过出轨率的峰值出现在较早的时期——大概是45周岁——即当女性的生育能力开始下降时。这主要是由于对于女性来说，当不再需要生育后代时，寻找婚外性行为的动机也就不复存在。

使用教育成就作为基因质量指标时，研究人员发现没有证据表明教育背景良好的男性比教育水平低的男性更容易发生婚外性行为——事实上，他们发现那些仅有中学学历上下的男性出轨几率比拥有大学或硕士学位的男性高出大约3%。这一现象似乎有悖于假设：高质量基因男性比低质量男性更有能力出轨。笔者将其归结于实际生活中，部分男性会去招妓，而基因质量并不能决定性工作者和已婚男性发生性关系的意愿。

如果女性是因为基因质量寻求短期性伴侣，这是千百年来本能的进化原动力促使她们去筛选孩子的生父，以便给下一代提供最大的生存机会，从这个角度来看，一纸大学文凭真的是她们所需要的么？

作为一名女性，我得说我的理想型短期性伴侣看起来更有可能是那种为了我翻山越岭智擒猛虎的勇士，而不是能够解决系统方程式的男人。我怀疑研究者测定吸引力的标准（例如教育）才是导致调查结果难以支持其假说（拥有优良基因的男性更容易出轨）的根本原因。

不得不承认，丈夫拥有大学或硕士文凭的女性，比那些丈夫仅有中学或者更低学历的女性出轨几率低3%。而男性出轨几率的高低则与妻子的学历水平无关。这种情况大致可以支持假设：女性丈夫的特质能够决定女性是否出轨，但是男性选择出轨与否时却不考虑这些。

这种结论没能解释清楚所有问题，比如：它假设男性的低教育水平增加了女性出轨的可能性，因为这增加了女性通过与更优秀的男人发生婚外性关系带来的优选基因效应。而这一结论忽略的事实是，女性决定出轨是同时取决于出轨的期望成本和既得利益的，而我们都清楚，女性出轨的成本有一部分可以用遭遇离婚将失去的收入来度量。

——如果我嫁给有钱人

每当我打开网络浏览器似乎都能看见这个命题，总是有新闻报道称某位高级政要或者企业高管或者运动明星的不忠行为被其妻子逮个正着。媒体从来不会报道低收入已婚男性的私事，当然，真要报道这些也就无暇再报道其他任何新闻了。

有关富人和穷人之间的这种信息不对等问题，给人们留下很深的印象是：无论不忠这种事离我们有多近，也没有人比有钱人更不老

经济上的刺激是否可以减少女性婚外情呢？

证据显示婚约并不太可能减少女性不忠，但是却可能会增加男性出轨。

在乌干达，男性所在家庭会向儿子新娘的娘家付一笔钱，这笔钱是未来可能的不良行为担保金。这笔担保金可以依法要求退还；丈夫如果怀疑自己的妻子和其他男人发生性关系便会退婚，并且要回这笔钱。

大卫·比什和肖珊娜·格罗斯巴德的一项最新研究就使用了乌干达全国最具有代表性的数据，这些数据得自对夫妻双方以匿名形式面对面的访问，用以评判这种婚前协议是否对性行为产生影响。在全部抽样调查中，5%的妻子和19%的丈夫表示在近一年内有过不忠行为。在男性付给新娘家这笔保证金的夫妻样本中，2%的妻子和21%的丈夫有过不忠行为。在丈夫没有付给女方家里"担保金"的夫妻样本中，10%的妻子和16%的丈夫有过不忠行为。

看起来可退还的新娘担保金减少了女性婚外情的几率，但是增加了男性出轨率。不过，一旦研究人员排除了家庭特性（比如教育、一夫多妻制、孩子以及丈夫是不是农夫）的干扰后，男性

DOLLARS AND SEX:
How Economics Influences Sex and Love

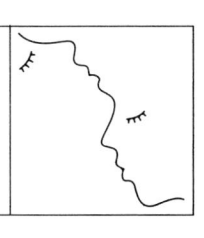

性别效应就基本消失了,但是女性性别效应依然存在,这在统计上具有重大意义。

你也许会认为签署财务协议的方式可以确保女性始终遵守婚姻誓言,婚前协议的条款列明了在妻子不忠的情况下,丈夫仅仅承担有限的财务责任,反之亦然,双方都受协议的限制和保护。在某些国家,仍然遵循"过错方"法律——在离婚时对家庭财产进行分割,情形与婚前协议类似,出轨的一方在经济分割上会受到相应惩罚。

这看起来行得通,但是随着男性收入增长,所占有的财富明显超过女性,或者当法院对女性婚外情惩罚力度大于惩罚男性出轨时,这一体系只能刺激男性婚外情增多——乌干达这种可退还的新娘"担保金"就造成了男性婚外情数量上升。

夫妻通过婚前协议来预防婚外情的原因大概是这样:如果你忠诚,我当然也会忠诚;但是如果你出轨,那么我也会出轨。这种协议把男女双方放在了相互忠诚度在谈判中更加对等的位置上。

实了。

如果你回想一下，当我们在第五章谈论淫乱的奥秘时，推测富人出轨是基于经济因素的。因为富有的男性能够养活多位妻子，他们当然也能够养活那些见不得光的性伴侣。即便富豪们不是直截了当地支付报酬给婚外性伴侣，或者赠送礼物（比如汽车、公寓或者衣服首饰），富人也需要在一开始就表现出很吸引女性的样子，好让女人甘愿铤而走险，梦想着有一天能够"小三（甚至'小四'）转正"，成为一名体面的阔太太。

问题是，虽然观察结果中富有的男性更愿意选择一夫一妻的婚姻制度似乎很难以理解，但是其实富人很少是单配偶者（这是指忠诚于他们的唯一发妻）的猜测确实严重失实。

没有任何证据显示富人在婚姻中的出轨几率会比穷人高。实际上在排除大量差异效应干扰后，唐纳德·考克斯发现男性收入水平与出轨的欲望之间基本没有关联。

在婚外情上的收入效应实际上是发生在女性方面的。贫困家庭中的女性比富裕家庭中的女性发生更多婚外情。这一点在考克斯的论文中得以验证，也体现在罗宾·贝克的知名著作《精子战争》中，所谓"性感科学"。贝克称平均而言全部男性中有10%养育的孩子实际并非亲生而毫不自知（大卫·布斯的书中也出现了相同的数字）。当我们观察收入水平在最底层的男性时，这种错养别人孩子的概率猛增到30%。而收入水平靠前的男性中，自己的孩子并非亲生的概率只有2%。如果数字属实，这就是一项极为有力的证据：当女性丈夫很贫困时更容易发生婚外情，而当丈夫很富有时就不会。

也许我们需要用成本收益分析来解释为什么女性的收入和婚外情

存在上述关系。生活贫困的女性如果婚外情败露，丈夫与其离婚对女性经济上的影响很小——这与那些生活在富有丈夫提供的舒适环境中的妻子们截然不同。此外，部分贫困家庭的女性也不仅仅是希望通过婚外情得到更好的基因，而且希望能借此改善经济困境。

尽管更高的收入并不会增加男性婚外情的可能性，却真正地降低了女性婚外情的概率——避免婚外情的真正重点并非收入而是控制力。要不是这个鲜明的启示，你也许会惊讶于强势的女性实际上和强势的男人一样频繁出轨。

一组荷兰研究人员（约里斯·拉莫斯、詹卡·斯托克、珍妮弗·乔丹、莫妮可·波尔曼和迪耶德里克·史塔波）进行的研究，收集来自于经理、团队带头人和首席执行官的数据，通过他们回答的出轨频率来测量他们再次出轨的意愿，推测出这些经理人出轨的机会和他们对于诱惑新情人能力的自信心。

在众多受访者中，26%的人有过不止一次对伴侣的不忠行为。那些工作上位高权重的人中不乏更多的偷腥者和晋升更快的人——调查显示他们有更多的婚外性行为，而且更多地表达出在未来出轨的意愿。

要如何解释职场上的权力和忠贞之间的关联呢？出差和长时间的工作给婚外情创造了机会（同时降低了被抓到把柄的可能性），但是这只是冰山一角。最为令人信服的统计学解释来自于信心；职场上具有更大权力的人群往往表现得成竹在胸——只要他们想，随时都能找到性伴侣。

此项研究中的女性行为在出轨史调查中和男性类似，权力越大的女性婚外情越多，并对自己勾引到新的性伴侣的能力表达出更大的信心。

在这些结果中使我感到有意思的是，之所以会看到女性更倾向于忠诚婚姻，主因正是她们历来就难于得到有权力的职位。如果这是事实，那么下一代女性大概会和男性一样淫乱。

——不忠者从来不能如愿

在文学著作里反复出现的一个桥段就是，那些背叛自己婚姻的人总是没有那些忠于婚姻的人幸福快乐。

伊尔姆斯里和泰巴尔迪的研究发现，那些表示"不是很快乐"的已婚女性中曾背叛自己现任丈夫的人数要比那些表示一直"很快乐"的女性高出10个百分点。不快乐的已婚男性不忠于目前婚姻的人数也比表示"很快乐"的已婚男性高出12个百分点。

男性与女性不快乐之间的差异是，不忠是否与招妓有关。大卫·布兰奇福劳和安德鲁·奥斯瓦德进行的另一项关于幸福感的研究发现，不仅那些表示今年来有过偷腥行为的人感到不幸福，而且那些承认有招妓行为的人也表示感到更加不愉快。

婚外情和不幸福之间为什么存在这一联系原因尚不明确。也许是出轨本身就会让人不愉快。又或者是不快乐的人更有可能去找一段婚外情，预期借此来摆脱不愉快的婚姻。也有可能是婚姻关系以外的其他原因导致的不快乐，需要通过婚外性行为作为排解心情的途径。

心理学家丹尼斯·普雷维蒂和保罗·阿马托通过收集超过17年的数据来弄清：是婚外情直接导致了离婚，还是不美满的婚姻已经走向离婚边缘才导致了婚外情。他们发现夫妻双方已经在考虑离婚的会更多地发生婚外性行为；所以说对于不愉快的婚姻关系，婚外情是结果而不是成因。研究者同时还发现，毫无悬念的、后续的婚外情会导致婚姻质量越发恶化，而每况愈下的婚姻也就增加了离婚的几率。

婚外情，当它出现时，对于不美满的婚姻，既是结果也是成因。

——本章结语

也许你会感到好奇，伦纳德第二任妻子是否也察觉到自己的丈夫在婚姻之外不停地猎艳。说真的我也不清楚，不过我怀疑她在嫁给他的时候就明白，只要有机会，这位丈夫就会管不住自己。为什么她要选择嫁给这样一个难以保持对婚姻忠诚的男人呢？也许是因为她能够准确地预测到他很难找到机会。伦纳德新的工作晋升也许是她应该担心的因素，不过她实在不必真的担心什么——他所掌握的小小权力根本不足以说服年轻大胆的姑娘，他的基因还没优秀到值得惹麻烦的程度。

婚外情是一个经济学课题，不过并非你所预期的那样——富有的男性更容易不忠于妻子——而是因为做决定出轨或者不出轨是一个成本收益问题。这个课题中涉及的成本包含了几个经济因素，比如由于离婚而损失的收入，而收益方面更多的则是出于生理需要。

比如，法律上允许婚姻诉讼裁决，是在经济上对于通奸者进行相应惩罚的话，就会增加偷情的成本，从而降低其发生的概率。在缺乏相应立法时，婚前协议在条款中明确了对于违背婚约相应的经济处罚标准，也是出于同样的目的。当女性在职场中走上更具有权力的位置后，也出现了更多的出轨者，这不仅是因为有权力的人更可能出轨，而且是由于她们有了更好的出轨机会而不会被抓到。互联网的广泛应用并没有在平均意义上增加婚外情，正如我们在第六章说述，但是它的确降低了出轨的期望成本，为那些想通过婚外情满足欲望的人提供了便利。

这个论题的有趣之处在于，经济大环境的改变左右了婚外情发生或者不发生的倾向，这表示个人可以通过以某种方式构建两性关系来降低离婚率。

从一方面来讲，可以通过签署协议来明确地禁止婚外情。在过去，协议本质上就是在圣坛宣誓，但是明确的经济处罚条款所能达到的力度远比在亲朋好友面前的宣誓强得多。背叛婚姻誓言是要付出代价的，我已经讲述过很多方面的代价，但是对某些人来说，增加的经济惩罚的确增加了出轨的代价，足以预防婚外情的发生。

从另一方面来讲，这也许意味着在经济大环境的变革中，我们应该对传统婚姻形式进行反思。当今主流思维在逐渐发展之中，曾经的男性之于婚姻是确保他们的父权和子嗣，女性之于婚姻是得到生活必需品的保障；随着避孕药的效用提高以及女性越发的经济独立，上述两种关系在很多夫妻间变得越来越模糊甚至消亡。当出轨的可能性居高不下时，对于触碰婚外性行为的议价能力可能是夫妻之间用来确认婚姻尚处于完好状态的一种方式。这些观点并非适用于每个人，但是也并非每个人都想追求婚外情。对于那些有想法，有机会的人来说，通过多种新的方法来保持忠贞也许更为理性可行。

正如你将在下一章看到的，晚年生活中的爱情可以很类似于大学时光；男性的缺乏确保了他们的市场主导地位。而我们则试图发现，为何女性与大学时代大为不同——很多年长的女性宁可选择滥交情人而不去寻找一位白头偕老的伴侣。

第九章　爱在日落黄昏时

——啊，一切都是徒劳！

1986年6月2日，新闻周刊杂志的封面大标题是"婚姻破裂：如果你是一个单身女性，现在你有机会结婚了"。紧跟这博人眼球的大标题，是一段对于某些女性的坏消息：那些把自己的青春消耗在教室里而没有紧锣密鼓地去找丈夫的人，她们现在结婚的成功率异乎寻常地低。该报道震惊了一代大学毕业女性，警告她们：如果她们在将近30岁的年纪还是单身的话，她们能够结婚的概率就仅剩下20%；如果她们在35岁还没有嫁给白马王子，那么她们能够结婚的概率将跌到5%；如果，但愿不会如此，一位女性在40岁的年纪还是单身，那么她被恐怖分子杀害的概率都比手捧新娘花束走上地毯的概率大。

诚然，文章预测的实情是，一位在25岁还是单身的大学毕业女性，结婚的可能性为50%。在那个年代，90%的女性会在漫长的一生中某个时刻结婚，所以对每个看到这篇文章的人来说，都会感觉这些预测一定是错得离谱。

多亏了时间流逝的检验，以及美国人口调查局的可靠数据，我现在可以告诉你究竟有多少大学毕业女性如该杂志所说，敢于推迟结婚到她们30岁和（我得先深吸一口气）40岁之后才步入婚姻市场。

截至2010年，在1986年是30岁的单身大学毕业女性，有75%已经在这24年间的某个时刻步入婚姻殿堂；在1986年已经35岁依然单身的大学毕业女性，有69%嫁给了她们的白马王子；即使是那些被新闻周刊作了恐怖预言的40多岁老处女们，大部分也在65岁生日前结婚了：具体数字为68%。

尽管媒体头条带来的是坏消息，预测受过高等教育的女性导致了（婚姻）这种神圣制度走向消亡，然而绝大多数女性和男性在一生中的某个时刻还是会步入婚姻殿堂。之所以当今的结婚率如此之低，是由于测量结果来源于某个单独时间点的短暂观测。而纵观结婚率在每个人一生的情况时就出现截然不同的结果——婚姻制度从未被废弃过。

联合国2009年世界生育率调查报告显示，在全球范围内，按平均年龄计算，在45到49周岁之间已婚的女性数量始终保持相对平稳，自1970年起超过90%。在20世纪70年代到90年代之间，步入40多岁将近50岁的女性已婚人数有所增长，在25个发达国家中仅有两个国家是例外（瑞典和法国）。

多年来已婚率在发达国家呈现某种下降趋势，但是这些国家里保持单身的女性呈现出增长的趋势却没有导致单身率的增加，反而导致了同居或其他非传统意义的恋爱关系数量上升。

毫无悬念的，当今有着最低已婚率的国家里，年龄在45岁到49岁之间女性是对婚外性关系抱有最为宽容态度的人群：瑞典

（75%），芬兰（80%），挪威和丹麦（82%），法国（83%）及荷兰（85%）。

已婚率，如果从某个时点观察已经超乎寻常地低于历史标准——就现在来讲，仅有50%的美国成年人已婚——但是这并不意味着人们不打算拥有性行为关系。这只表示他们在人生的不同时期会保持不同的关系，以不同于过去的形式彼此保持新型的关系——比如，选择同居而非结婚。

那么在晚年性和爱的市场上，是什么新鲜事物占主导地位呢？大部分进入晚年的人现在都在寻觅短期和长期的性伴侣，数量之巨是史无前例的。

——"夕阳红"约会市场出现井喷

正如我先前所说，市场可以被描述为稠密市场或清淡市场。

当市场清淡时，买卖双方都很少——这就比较难于达成双方都能认可的交易价格——所以交易成功率很低。当市场稠密时，可想而知买方和卖方数量都足够多，这就意味着更容易达到平衡——买卖双方可以轻易达成彼此满意的成交价格——于是成交率也就水涨船高。

多年以来，晚年婚姻市场逐渐趋于饱和。该市场的饱和意味着不仅仅有更多的"交易"（例如，单身人士为了性和爱凑到一起），也同样意味着该市场上恋爱关系的质量，比起过去一二十年来有显著的提高。

对于为什么晚年性与爱情市场要比以往稠密很多，存在着几种经济学上的解释。

首先，很多人推迟到他们年纪很大时才徐徐步入婚姻殿堂。这种

中个大乐透可以令单身生活轻松得多

中彩票是否能够给你带来更好的机会找到真爱，或者在爱情消亡时让你更容易抽身离去呢？在斯科特·汉金斯和马克·胡克斯特拉的论文中提到了这些问题，他们发现金钱买不到爱情；事实上，至少对女性来说是这样的，金钱只能买到保持单身的自由自在。

通过对成千上万的彩票中奖者进行数据分析，笔者比较了那些赢得大奖（50000美元）以上中奖者的恋爱结果和那些仅获得小奖（1000美元）以下的人的情况。他们发现单身女性赢得大额奖金后，在接下来的三年内都没有结婚，而那些赢得小数额奖金的女性实际上仅有低于40%的人结婚了。

为什么获得博彩大奖的女性不会结婚呢？这可能是因为经济独立的新定位赋予女性在婚姻上不必迫切、被动的机会，她们在选择与谁步入婚姻殿堂方面变得更加从容不迫。或者她们也许不想与其他人分享对巨额奖金的控制权，于是推迟结婚到自己把全部奖金挥霍掉以后。

对于单身男性却未见到相类

DOLLARS AND SEX:
How Economics Influences Sex and Love

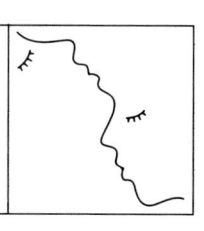

似的效应——对于恋爱关系的决策和他们获得了多少奖金之间毫无关联。

在离婚率方面的相关效用也是微乎其微;在得奖金额在25000美元到50000美元之间的群体中,相比获得1000美元以下奖金的人,其离婚率仅低不到一个百分点。人们在赢得奖金后似乎更乐于待在一起,尽管获得的奖金可以让他们离婚变得简单。

这个测试结果看起来似乎不合逻辑,但是它却有一项重要的意义。它显示出随着社会日益富足,做出结婚决策的年龄也同步趋向提高,这是由于女性而非男性的决策导致的。它同时也给出了一个解释,说明女性在较为年轻时就决定结婚的意愿逐渐减退,并非单纯地出于投身于事业而放弃花费精力去寻找意中人。对于赢得彩票的单身女性来讲,财富从天而降,说明这彻头彻尾是因为钱。

趋势的形成从某种程度上来说，源自于男性和女性都想要少生孩子的想法。想要成员更少的小规模家庭意味着女性可以推迟结婚，然后生养自己想要数量的下一代。在她们三十多岁再开始生育孩子，完成生养一到两个孩子目标的女性非常多。相对的，从三十多岁开始生育孩子，又想要生养四五个孩子的人凤毛麟角。

同时，通过生育机能治疗和选择相应合理的生活方式使女性在大龄时看起来更为年轻，这促成女性提高自己的预期，至少女性在30岁到40岁之间仍然可以生儿育女，缓解了为了生孩子而需要早早结婚的压力。

婚前性行为的增加，则要归功于高效的避孕手段和社会理念的变革（正如我们在第一章讨论的那样），于是男女之间不再需要在结婚和独身之间进行抉择。这种选择上的解放给我们在步入长期婚姻关系之前拥有多名性伴侣提供了机会。独身和性行为的解放给广大单身人士提供了主动权，大家可以花费更多的时间去寻找长期伴侣。

家庭生产技术和购买多种商品及服务的能力过去都是由女性负责（比如准备晚餐和洗衣服），而这方面的科技进步让每个人都能轻松地达到自给自足。男人们不再需要女性来完成这些产品和服务，女人们也能够把时间花在挣钱而非传统意义的操持家务上。这样男性和女性都能够自力更生，使他们能够在很长的时期内安于单身生活。

同样的经济因素也有助于避免婚外生育的发生。越来越多的女性已经能够独立抚养孩子，社会标准的进步也能够接受未婚女性意外怀孕并且进而非婚生子。女性在十几岁或者很年轻时就怀孕，过去必须勉强结婚，现在却可以在今后漫长的人生中选择合适结婚的时机。

之所以相比从前更多的人选择在晚年市场中寻找爱情，正如我们已经了解的那样,第二个原因是寻觅伴侣的成本随着在线约会和社交网站的普及而下降。这种搜索成本的下降对年长的单人人士要比对年轻人的影响效果大得多;年长的单人人士比年轻人在社会上更为孤立,这意味着通常情况下,如果没有互联网技术,他们的搜索成本要高得多。在线约会技术的引入促使搜索成本降低,更多的老龄人口得以进入市场寻找爱情和性关系。

这与牛津互联网研究所领导的一项国际性研究不谋而合(由伯尼·霍根、威廉·达顿和纳伊利授权),该研究发现,在那些1997年开始约会的情侣中,中老年情侣借助互联网会面的人数显著高于年轻情侣;年龄在20岁的情侣进行网络会面者仅有19%,相比之下30岁的情侣比重为23%,40岁的情侣比重为35%,50岁该比重为38%,60岁的比重为37%。

线上约会在中老年男女中的流行,显然是以社区为特定目标的线上服务过剩造成的。(这个说法暂且不论,我最近注意到在我刚刚过完这个生日后,我的脸书首页广告推送也从"单身父亲寻找真爱!"变成了"不考虑年轻女性,谢谢!"对于我这个还在市场中保持观望的人来说,这是多么贴心的日常提醒啊。)

更多的人投入到晚年约会市场中的第三个原因是:人们的寿命延长了。比如说,根据2007年美国国家人口统计局报告,20世纪60年代年龄在60岁的男性,如果随机抽样的话,其预期寿命仅剩5年。而现在同样年龄的男性预期为21年。60年代年龄在60岁的女性预期剩余寿命为20年,当今同龄女性的预期为24年。

寿命延长有两个主要原因。第一,很显然的,为了寻求一位新人建立一段新的情感关系需要投入很多(你可以想象得到这些寻找新恋

矮个子男人多娶到年轻妻子

据观察，很多女性都将身高作为筛选丈夫的重要标准之一，于是矮个子男人似乎只能找不那么漂亮的女性做老婆。根据经济学家尼古拉斯·埃尔潘的研究，对于身高不足的男性来说仍有一线希望，矮个子男人可以在年龄较大的时候找到比他的高个子朋友们更年轻的妻子，这是一种经济学意义上的成功。

大量研究发现，在男性身高和其收入之间存在某种联系。比如一项针对德国数据的研究显示，身高超过平均水平2.75英寸（7厘米）的男性薪酬会比平均身高的男性高出4%。几项原因导致了这种超出普通职场歧视范畴的关系存在，最起码来说，从童年时期到成年过程中，身高始终关系到一个人的社会经济地位。不过这并不是导致矮个子男性在婚姻市场遭受冷遇的唯一原因；就算我们剥离收入影响，女性还是会首选高个子男人。

丹·艾勒里、甘特·西特许和阿里·赫特许共同通过我们在第二章提到的约会中对种族偏好的相关简单实验来检验该项指标，研究发现矮个子男人年收入超过五十万美元时才能吸引更多的女性，令她们放弃身高比他高5英寸（12厘米）的男性，转而联系

DOLLARS AND SEX:
How Economics Influences Sex and Love

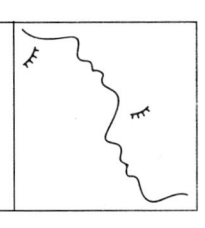

他进行网络约会。

同一研究还发现,在线上约会中,男性身高在6英尺3英寸到6英尺4英寸之间(190到193厘米)的,会收到更多的对他感兴趣的女性信息,要比身高在5英尺7英寸到5英尺8英寸(170到173厘米)的男性高出60%。

通过研究法国的数据,埃尔潘发现当剥离社会地位的影响之后,矮个子男性明显更不愿意结婚或者拥有一段严肃认真的感情关系;身高在5英尺7英寸(170厘米)以下,年龄在30到39岁之间的男性,仅有60%已婚,而身高在5英尺7英寸到5英尺11英尺(170到180厘米)的男性结婚率为76%。

矮个子男人随着年龄的增长更倾向于保持单身,这使他们在晚年婚姻市场中提前得到一个有利位置,较为年轻又不太关注丈夫外貌的女性会更加关心他能提供稳定收入的能力。高个子男性则在他们还年轻时步入了婚姻殿堂,那时他们还没有把自己塑造成为供给者而且结婚对象也多为同龄的女性。

情所需的固定成本）。双方寿命越长，对于初始投资的回报也就越丰厚。因此，寿命的延长促使中老年人更愿意花时间享受新恋情。

第二个原因是男性和女性的预期寿命逐渐接近，其中某一方变成寡妇/鳏夫的可能性降低。平均水平上这种效应增加了中老年人投入新恋情的意愿，尤其是女性，不再像过去那样，因为担心自己再一次（有的人甚至不止一次）地变成寡妇而避免开始新恋情。

说句题外话，你也许会认为离婚是晚年婚恋市场在近几十年来变得稠密的主要原因。不过实际上，离婚也许根本无法解释这种现象。原因在于，根据贝奇·史蒂文森和贾斯汀·沃尔弗的研究，以人口的每千人为单位测量的离婚率，目前是自1970年以来的最低水平。

离婚率的降低并不仅仅是近年来才出现的趋势，我们所看见的离婚率下降实际上只是离婚率长期走低趋势的一个片段。每1000对夫妇中的离婚者已经从1979年的23对减少到2005年的10对。

当然，现在有很多人可以从与第一任（第二或者第三任）丈夫/妻子白头偕老的誓言中完全脱离出来，之后又开始重新寻找属于自己的一份爱情——尽管这种充满未知数的期望不是该市场发展到如此规模的原因。事实上，当今离婚的大趋势本应该使得这个市场随着时间的推移而逐步萎缩才是，因为大龄的单身人士会越来越少。

——这是好色老头的买方市场？

我们已经对随意性行为市场——中学和大学校园——进行了多次讨论，那里的女性数量远超过男性，而且由于这种不平衡，在性行为方面男性拥有更多的控制权。

女性常常发现在市场中寻觅到的男性伴侣更具优势，尽管事实上育龄男性和女性的人口数量是大体相当的。部分原因是女性在选择性伴侣时更加谨慎挑剔。不过更多地是因为很多女性在这个市场中寻找一位单身的长期恋爱关系对象，而男性却在这个市场中寻找多个短期性关系对象。

当然，生物学上的差异是造成男性和女性在寻求交集时出现不同层次、不同侧重的主因；与多个育龄女性频繁地发生短期性关系，这样的行为模式可以增加男性多生育的成功率，而与高质量的男性建立长期恋爱关系则可以使育龄女性增加生育高质量后代的成功率。

我们对这样的论述已经了如指掌；事实上，当我们纵观男性与女性在性行为上的差异时，这个思路已经成为大众所接受的主体思想中的一部分。可是，这是否真的合理呢？当我们进入晚年生育能力下降时，还会执着于生理倾向驱动我们的性行为吗？

（此外，这能满足你的好奇心——并非只有女性在晚年会经历生育能力下降的生理变化。由英国的穆罕默德·哈山和史蒂芬·克里克指导的医学研究发现，夫妻间当男性年龄超过45岁时需要花费超过一年的时间尝试怀孕，超过两年才能成功怀孕的比例，要比夫妻中男性年龄在25岁的人群高出12.5倍。他们是在剥离了女性年龄和夫妻间性行为的频繁程度等因素之后，得出此结论的。）

对于男性和女性两方面来说，生育能力的改变都会造成中老年群体在运作性与爱的市场中选择的改变。比如，绝经后的女性会失去寻找一位能够使自己生育高质量下一代伴侣的生理冲动，与此同时，她们在随机性性行为上的经济制约也不复存在：换句话说，意外怀孕所造成的事业上的收入损失和对今后结婚的影响风险都消失了。

另一方面，中老年男性也许在一开始会选择寻觅更年轻、生育能力更强的女性来抵消自己逐步下降的生育能力，但是超过一定年纪（尤其是当生育能力再强的女性也对他们没有帮助之后），其性行为的决策也将不再受自身的生理冲动驱使。而且，在大概同一时间，这种改变导致男性面临新的经济刺激——驱动男性寻找一位愿意照顾年事已高的自己的女性为伴。

存在于男性和女性之间的不同的生活预期虽然逐渐消退，但是在中老年夫妇中仍然存在对女性家庭生产比较优势的忽视现象。不过，我们在第四章所讨论过的从婚姻交易中所得的收益，来自于夫妻双方为这段婚姻带来了什么实质的东西。对于一位独立的女性个体来说，如果照料对方的成本与男性为这段关系带来的收益密切相关的话，尤其是当随机性的性行为关系成本低廉时，女性就会继续保持单身而不再希望拥有一段长期稳定的恋情。

生育能力的衰退和女性较高的生活预期，至少在理论上增加了中老年女性寻找短期性伴侣的倾向，同时也增加了中老年男性寻找长期性伴侣的倾向。

这使我想起一个故事。几年前，我父亲的一位老朋友来做客时我刚好在家，他告诉我们自己刚刚与一位他追求了多年的女性结束了恋情。当我父亲询问分手原因时，他忧伤地摇着头说："她只是把我当作炮友而已。"这个可怜的家伙是在他80岁时得出这个结论的，不过我个人可不觉得他是个理想的性爱对象，很显然那位女性也这么认为，而这位老人可不满足和那位女士仅仅是炮友关系。

我写这一章意在指出，男男女女在做性行为决策时的性别比例是非常重要的。假设这是一个对于"色老头"的买方市场，中老年女性受制于与大学女生面临的相似的性压力；但是中老年女性想要结婚，就像年轻女性想要的那样，而中老年男性想要发生随机性行为，就像年轻男性喜欢的那样。从个人角度来说，我认为这种假设并不准确。

单纯从经济学的角度来看，当卖方数量相对巨大而买方相对稀缺时，就可以合理地假设"商品"的售价会低于买卖双方数量均衡时的售价。市场上的议价行为并不以货币为计量单位；而是以相对价值来计量。如果中老年女性寻找恋情的人数真的远大于寻觅恋情的中老年男性的话，那么她们会愿意以一个较低价值"成交"，毕竟别无选择。

这是个可检测的假设：如果中老年女性愿意以低价值成交而中老年男性不愿意的话，那么我们可以得出结论，中老年女性在晚年约会市场上是数量过剩的。

威廉·麦金托什、劳伦斯·洛克、凯瑟琳·布里利、瑞贝卡·赖安和艾莉森·斯科特对该项假设进行了检验。他们发现中老年男性对于未来伴侣的选择比年轻男性更为谨慎，因为他们更愿意花时间找到一位高市场价值的对象。这一结果并不令人意外，毕竟市场上的女性极具多样性，这给男性找到自己心仪的对象带来便利，更不用说他们还掌握着市场的主导权。然而，他们也发现中老年女性不仅比年轻女性更为谨慎地选择约会对象，也更加关注未来伴侣的各项素质，包括人种、年龄、收入和身高。

经可靠评估，年龄在65岁的男女比例为1:3，该证据支持我所指出的：尽管在正式约会市场中的女性人数远远超过男性，但这并不意味着男性就拥有市场主导权。这是因为中老年女性还有一种退而求其次的选择，她们可以一直单身下去。当女性担心需要去照顾一位上年纪的老男人时，她们宁可选择单身这个第二选项。

最近我和我母亲的一位朋友聊了聊，这是一位可爱的年近70岁的老太太。她偶然提到，唯一能让她考虑再次约会的，是遇到一位可以同时提供医生证明和银行流水单的男性。我反思了一下，大概自己还从没有考虑过通过医药专家来寻求约会建议，不过，我至少能够理解中老年女性在考虑新伴侣时，不仅仅想要一份医生证明，也许还会去咨询精算师。

也许最好的打算是把中老年男性当作"养老保障"，由他提供稳定的爱情、依靠和性爱。这种保障并非是业已决定期限的类型，而是在购买资产时无法确定时限的。女性愿意投资多少不仅仅取决于这个保障能提供什么（爱情、依靠和性爱），也同时预期更久的延续期限。正因为在投入到这段感情关系时无法确定其持续的时长，风险厌恶型的女性需要顾虑到她的资产在还没看到收益时就过期的风险。

如果女性趋于风险厌恶，现实就是男性不得不降低生活预期，这意味着女性在时长上的保留价值要比其他时候高。除非时长价值足够高，中老年女性是不情愿接受这种风险的（假设她们可以找到一位能够满足其所有需求的男性），这就给女性在晚年约会市场中平添了几分主控权。

回到我母亲的朋友所提到的办法：她在谈恋爱之前要求一份医生证明。我必须坦白地告诉你，我非常幼稚地没有将此举与中老年人性行为联系起来。我原以为她之所以要求医生证明是因为她想要找到一位长寿的老伴儿。在她讲了一个关于风流的巡洋舰舰长和一船放荡的老妇人的故事之后，我才发现她真正在意的是未来爱人需要是个没有性病并且身体状况良好的人。

这听起来是个不错的主意，尤其是对于年过五十的人来说，在过去几十年中逐渐积累的风险性性行为提高了得性病的几率，并且可能要为此付出代价。

——如何教导妈妈：不戴套不做爱法则

"年轻"和"愚蠢"这两个词总是被自然而然地联系在一起。与一个18岁的大男孩去争执使用安全套的成本和收益大概是源于错误地认为他会爱对方一辈子。你也许会认为，当这样一个男人年过五十后，他的首要目标会是在这片大地上尽可能活得久一些，或者最低限度地，避免患上令人痛苦的性传播疾病。

其实行为鲁莽并不是年轻人的专利；在50岁以上的人口中逐渐增长的随机性行为比例和安全套的极低使用率共同导致了性病发病率上升的后果。

在美国，患有HIV或AIDS的人口中，人数最多的群体是年龄介于45到49岁的人群，从2007年到2009年期间，感染率增长最快的是年龄介于60到64岁之间的人群。

根据对全国性健康和性行为的研究，23%的年龄超过50岁的男性的性行为报告显示，他们与上一个性伴侣是"一夜风流"，而仅有25%的人是和新的性伴侣交往，或者在最近一年内有不止一个性伴侣，他们在最近一次性爱中使用了安全套。

情侣在发生性关系时是否会使用避孕套，取决于不使用安全套的期望成本与收益的权重和在关系中双方的话语权。

不采取安全措施的性爱，其期望成本取决于和你做爱的人已经感染疾病的可能性，以及如果对方有性方面的疾病，那么会通过毫无防护的性行为传染给你的可能性。

尽管性传染病在中老年人中的发病率提高了，但其仍低于年轻人的发病率；年龄在20到24的成年男性中梅毒的感染率高于年龄在55到65岁之间的男性10倍之多，淋病感染率则高出40倍，衣原体感染率高出100倍。所以说中老年人的无保护性行为导致传染性病给伴侣的风险还是很低的，这和年轻人之间的"纵情纵性"仍然是两个概念。

不得不承认，中老年男性要比中老年女性更容易感染这些疾病，所以与中老年男性发生无保护性关系要比与中老年女性发生无保护性关系承担更多的风险。

这种传染概率——一个人通过和带病伴侣发生性关系而感染性传播疾病的可能性——对女性而言要远大于男性。举例来说，当一名男性与一名HIV女性感染者在无保护措施情况下发生阴道性交，他感染HIV的可能性在0.01%到0.03%之间；而当一名女性与一名HIV男性感染者在无保护措施情况下发生阴道性交，她感染HIV的可能性在0.05%到0.09%之间。这个可能性看起来好像很低，但是HIV仅仅是女性感染率高于男性的多种性传播疾病之中的一种。

感染率和传播率是中老年女性需要坚持"不戴套，不做爱"的两个最好的理由，但是和男性发生无防护性关系的成本在持续降低，这就使得中老年女性难以坚持上述原则。

很困难，但是并非不可能。

事实上，如果中老年女性更倾向于随机性爱关系而不是长期恋情，那么让她们在做爱时坚持使用避孕套会比年轻时容易些。这是因为她们不再需要在压力下妥协于希望取悦对方，从而确立稳定的恋爱关系。在这一市场上，男性才是承担压力而妥协的一方，如果他们是需要寻找一位稳定的晚年伴侣的话。

这里有一个解决方案来应对由不同的寿命预期造成的市场不均衡问题，就是让中老年女性和年轻男性在一起。有证据显示，这并不是仅我一个人认为的解决该问题的最佳方案。

——美洲狮是解决市场问题的途径

当我36岁时，我发现自己在晚餐聚会上处境相当尴尬。在聚会的主人为我说媒之后，没有人再有兴趣给我介绍其他男性，当我意识到这个事实后我曾一度非常伤感。大家都认为那个人已经是我的完美人选了。他们的原话是，这个人在各个方面都和我非常契合。尽管我并不清楚自己的那个他是怎样的理想型，不过（正如我已经说过的那样）在寻找爱情的道路上，我会保持着开放的思想去接受。可我不得不承认，当他们告诉我对方的年龄时，我叫停了这场相亲安排——对方53岁了。

之所以这件事让我如此印象深刻，并不是因为他们想把我推给一个只有中学学历、住在城郊的小商贩，而且那人年龄大到可以做我父亲；而是当我说对比我大17岁的人不感兴趣时，我的晚餐伙伴们互相交换的眼色。他们很明显地达成共识："咱们谁该去告诉这位天真的大傻妞儿，她不会遇到比这样的条件更好的人选了呢？"

真希望我能告诉你这仅仅是一次意外经历。

巨大的年龄差异始终是长期恋情中难以逾越的难题。如果你还记得第六章里简的故事，你就能回想起，她作为年龄小很多的配偶，意味着在夫妻共同做决定时，她在自己的婚姻中却很难插上话，而这种缺乏话语权导致了她在婚姻中是多么的不幸。不能不说约翰和简之间的婚姻状况和两个人的年龄差距是有直接关系的。经验表明，从长远

难道没有为中老年女性开设的妓院吗？

男性本能地喜欢和陌生人发生性关系——而且他们最爱能有多个性伴侣——这是全球性交易的驱动力。而女性更乐于拥有较少的性伴侣并且在恋爱婚姻关系中发生性行为，这就使得针对女性客户的性交易凤毛麟角。当然你可能会问，考虑到老年女性在寻找一夜情时所面临的种种障碍，开设以女性为目标人群的特殊市场型妓院会不会有利润空间呢？

社会学家杰奎琳·桑切斯·泰勒在加勒比海岸（字面意思）随机询问女性游客关于她们与当地男人的性行为，他发现就是在和当地男性发生一夜情的女性之中，若需要付给那些男人现金的话，就没有人会有兴趣为了做爱买单。

在桑切斯·泰勒的调查中，31%的受访女性承认在她们旅行期间至少有过一次性行为，过半数的人承认有过几个性伴侣，甚至有少部分人不好意思地表示同时期和五个以上的男人有性关系。

有当地性伴侣的女性，60%承认会给她们的爱侣现金或者非现金礼物，这种关系的经济属性被低估了，其价值仅仅是吃顿饭和洗个热水澡，或者小额现金，在本身就是由于经济特权造成的

DOLLARS AND SEX:
How Economics Influences
Sex and Love

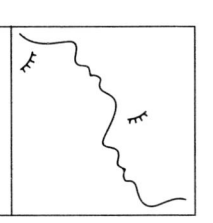

非正确的估值。而且由于信息都是在她们度假期间收集的，这就忽略了男性需要等到假期结束的可能性，甚至于在开口要钱之前女性就已经回到自己家乡了。

当要求她们描述在当地的性行为时，只有两个人说她们是单纯为了满足生理需要，而超过20%的人把这种性关系定义为"真爱"。即使是在一夜情之后支付给男性现金的女性，也会将这种性行为描述为"假期罗曼史"。

很显然，女性也有性交易，但是这些女性会真的在自己的家乡去妓院买春吗？大概不会：25%的人表示当她们结束假期后，这种用金钱换取性行为的交易也就随之结束了，没有人会再接受这种交易。

女性游客可以买到价格低廉的性服务，这仅限于发展中（和薪酬）的经济体制：浪漫主义情怀。如果真的在这样的发展中国家开设妓院提供该项服务，而且价格还非常公道，那么女性会真的买账吗？

角度来讲，年龄差距确实关乎婚姻的成败。

之前我提出过家庭中夫妻之间的话语权取决于（至少理论上是）婚姻之外的关系机会。而年龄则是婚外机会的决定因素之一。例如，市场中对年轻女性的需求大于大龄女性时，嫁给40岁的男性，25岁的女性就会比40岁的女性更具有议价能力，所谓的万事皆公平。

这一理论说明，由于简比约翰年轻得多，婚外结识新人并再婚的机会就更多，她本应该有更多的议价能力而不是更少。然而索尼亚·奥雷菲斯的研究发现，这是两性婚姻中更加常见的经验——比较年轻的一方缺少话语权。这项研究的真正有趣之处在于，在同性婚姻中，年龄和议价能力之间的关系是完全遵循经济学理论的。

在家庭共同决策的众多项目中，有一项是家庭成员如何分配时间完成劳动力市场上的工作、家庭生产工作或者是干脆什么都不做（经济学家喜欢称之为"消费休闲"）。我们假设掌握更多议价能力的人会在劳动力市场上消耗更少的工时（将家里孩子数量多寡这样的因素都剔除出去），拥有较少议价能力的人会付出更多；要多付出多少取决于他们与其伴侣相比议价能力低到什么程度。

索尼亚·奥雷菲斯发现，如果妻子比丈夫年龄小五岁之内，该因素将增加她的年度劳动力输出十小时，减少她丈夫的输出将近十一小时。这就是说年龄大的配偶一方（在这个例子中，是丈夫，不过这一事实与性别无关）拥有更多的议价能力，他们可以为自己争取到劳动力市场上更少的付出，而他们的配偶却因为年龄较小需要付出的更多。

在同性情侣中，这种相反方向的动态趋向更为突出；年轻配偶拥有更大的议价能力，因此在劳动力市场也可以争取到更少的工作时长。

一位女性比她的（女性）伴侣年轻五岁的，每年可以少提供二十一小时的劳动；她的年长配偶则需要多付出二十小时劳动。一名男性年龄小于他的（男性）伴侣五岁的，每年可以在劳动力市场上少付出二十二小时的劳动，他的年长配偶需要多提供二十三小时的劳动。

当我们观察情侣之间的收入转移情况而非劳动时长时，会发现存在同样的关系：在同性情侣中，年龄差距越大，年长一方将收入转给年轻一方就越多（年龄差异为五岁时，女同性恋为2200美元，男同性恋为1500美元），而在异性恋情侣中，则是年轻一方将收入转移到年长配偶手中（年龄差距为五岁的金额是900美元）。

如果我们认为年轻配偶方在万一离婚后更容易再婚的话，那么异性恋情侣的结果（年长一方拥有更多的议价能力）是有悖常理的。一个较为合理的解释是，年长一方可能大部分不是丈夫，而笔者选取的样本是年长的男性，他们比年轻的妻子拥有更多优势。还有一种可能性：在合法夫妻中，检验他们在婚姻以外的机会代价是相当高昂的，所以那些来自于婚外机会对议价能力的影响会被极大地削弱。

在同性夫妻之间，结束一段恋情的障碍更少（数据来源于2000年，当时尚未有任何法律承认同性婚姻），双方中的任何一方都不会因为性别原因受到社会评判左右而去补偿另一方。在这方面，同性夫妻的模式更加接近自由经济市场，使我们得以观察到经济学理论预测的结果：年轻伴侣方掌握的权利较为平均。

围绕婚姻中年龄差异的第二个论点是，婚姻双方较大的年龄差异是否会使婚姻更加幸福快乐。瑞贝卡·基彭、布鲁斯·查普曼和于彭

丰胸术预示着经济的活跃

在第六章中我说过，通过观察性爱玩具销售量可以预测经济衰退；在经济艰难时期，当人们需要一种廉价的方式来愉悦自己时，就会把更多钱花在性爱玩具上。同理，润滑剂也是一种经济萧条的指示剂；另外还有一种市场可以指示经济的发展——隆胸术和其他整形外科手术市场。

一份由美国整形外科学会（ASPS）发布的2011年新闻稿显示，为了追求自信，或者我该说是为了保持青春靓丽，尝试整形手术的人次持续增加，包括面部整形（增长9%），胸部整形（增长3%），下体整形（增长9%），上臂整形（增长5%），腿部整形（增长8%）。

ASPS宣布这些增长的需求表明消费者的信心增加了（因此丰胸手术可以有效地指示经济增长），而且在这些增加的需求中部分来自于往年经济动荡中被压抑的需求。

DOLLARS AND SEX:
How Economics Influences Sex and Love

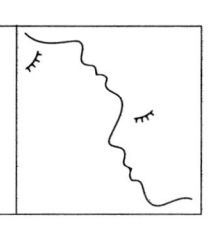

当然我们还有另外的解释可以参考：随着部分劳动力步入老龄化，他们审视着自己遥远而不乐观的退休金前景，觉得尚需要花费一些年时间才能确定，而且无法避免地要面临持续变化的复杂劳动力市场。于是他们不得不绷起每一根神经，去小心地维持他们在市场上的地位，而正如我们所知的那样，市场更喜欢年轻富有活力的外表。

如果事实真的如此，这就不是消费者的信心导致整形手术需求的增长。事实上，这更像是缺乏自信心直接导致对整形手术的需求增加，而不是任何其他理由。

运用澳大利亚的相关数据回答这个问题。他们研究发现，婚姻中的夫妻双方年龄差距越大，婚姻越有可能以离婚而告终。

例如，他们发现在男方比女方小两岁的婚姻中，以离婚而告终的可能性要比男方年龄小于女方一岁的离婚人数高出53%。这种随着年龄差距增大而增加的离婚概率并不只存在于妻子比较年长的婚姻中；如果婚姻中的男方比女方年长九岁，他会比年龄小于女方一岁到大于女方三岁年龄范围内的人更加忧虑自己的婚姻成败。

抛开在婚姻中年龄差距很大的夫妻到底有多幸福不谈，如果真的只有年纪很大的男士在现阶段才会垂青于我，那么，那晚我参加晚宴时主人对于我所想要的恋情所抱的态度就是正确的，我也就应该接受现实，即我不可能得到自己真正想要的——与我年龄相仿的男性。

可问题是，那种年长男性只对年轻女性感兴趣的偏见实际上是错误的。别误会我的意思，中老年男性想要年轻的妻子，但是请记住一位经济学学者迈克·贾格尔曾经的口头禅：你不可能事事如愿。在约会这个问题上，中老年男性想要年轻女性，但是他们常常只能得到与自己年龄相仿的。

心理学家谢伊娜·西尔斯-罗伯茨·奥特维兹和杰拉尔德·门德尔松通过研究雅虎网交友栏目收集的数据，发现随着男性自身年龄的增长，其目标女性年龄会越发年轻化。比方说，年龄介于20到34岁之间的男性，寻找的女性平均年龄仅小于自己一岁；年龄介于40到54岁的男性，寻找的女性平均年龄比自己小五岁；年龄介于60到74岁的男性，寻找的女性平均年龄比自己小八岁；年龄超过75岁的男性，寻找的女性年龄小于自己十岁。

在女性方面，她们也倾向寻找更年轻的男性；年纪轻轻的女性寻找比自己年龄大三岁的男性,但是现在也倾向于寻找年龄更加接近自己的。而年龄介于60到75岁之间的女性,绝大多数在寻找与自己年纪相仿的男性。而当女性年龄超过75岁之后,平均来看,她们更加倾向于寻找比自己年轻三岁的男性。

我再次回顾了美国人口调查局的数据,以便观察结婚时间介于2008到2010年之间的婚姻。事实上,丈夫的年龄大都比妻子要大;大约有50%年龄介于40到65岁之间的新婚男性娶到年龄小自己五岁或更多的女性。

从相反方向看,很多女性也嫁给了更年轻的男性。

年龄介于40到65岁之间的新婚女性,大约有17%嫁给了比自己年龄小五岁以上的男性。这和不久前相比是一个重大改变;在20世纪70年代末期,仅有3%年龄小于60岁的女性嫁给了比自己小五岁的男性。时隔30年,与"年轻男伴"结婚的女性增加至8%。最近的证据显示,在收集数据的这十年间,"年轻男伴"结婚率保持着持续迅猛的增长势头。

梅尔文·科尔和马克·弗兰切斯科尼最近发表的经济学论文中指出,这种女性和年轻男性结婚的趋势直接归因于她们所接受的良好教育——她们的教育水平不仅远超30年前的女性,而且优于她们所选择的婚姻对象。

似乎在面临选择时,至少有一部分男性会选择虽然年龄大点,但是比普通妻子更具有经济方面优势的妻子,而对那些年轻却缺乏能力确保经济稳定的女性不感冒。由此可见,受过良好教育并拥有比丈夫更高职业阶层的女性,有多出45%的机会嫁给比自己年龄小五岁或更多的男性。

——本章结语

在本章开头我们谈论过《新闻周刊》的文章,文章中警告那些花时间在学校深造而没有去找老公的女性,称她们将失去成婚机会孤独终老。我很好奇多年以后究竟有多少女性此时此刻放弃了寻找真爱的希望;的确,在文章发表当年年龄40岁还是单身的女性有68%最终已经嫁人;不过是否另外有5%或10%的人的婚姻是不被祝福的?或者是为了不被剩到最后而仓促步入一桩糟糕的婚姻?又或者因为担心修大学学位会造成失去成家机会,结果过少投资于学习?

作为一名经济学者,我知道有很多人不看好大龄剩女。加上中老年男性尤其青睐于年轻女性这种假设之后,我一点都不惊讶于有很多大龄女性认为自己注定会孤独终老,被社会所遗弃。但是正如《新闻周刊》的预测使得有良好教育背景的女性误认为自己再也嫁不出去一样,这类统计学显示的在大龄婚恋市场中,男性对女性比例的偏移给了大龄女性一种错觉,使她们觉得自己没有市场优势。也许更有甚者,也给了大龄男性同样的错误认知。

就我个人而言,我保留了一张明信片大小的《新闻周刊》照片压在自己桌子的玻璃板下,借此提醒自己统计学数据的力量有多强大——可以扭曲大众的认知,甚至进一步破坏人们的正常生活。

经济学市场能够运转正常是建立在市场内的操作者掌握的信息完全对称的基础上的。如果男性过分高估自己的市场优势,那么从长远来看这部分人会受失望感所累。这对富有而健康的男性来说也许不是问题,毕竟这种类型的男性在市场上总是炙手可热的,大部分女性

（比如我之前提到过的，我母亲的朋友）都在担心约会遇到的男性因身体或者财务负担等因素而告吹。但是富有而健康的男性在晚年婚恋市场中毕竟仅是很小众的一群人。

此处我略举一例来解释男性的这种市场优势认知是如何实际阻碍市场正常运转的。我有一位七十多岁的单身朋友，她正在通过网络寻找恋情。她自己在各个方面都很优秀——有良好的收入、多媒体设计的住宅，本人很健康有活力，也很会享受生活。她最近告诉我，刚刚回应了一个表示对她感兴趣的人，那人在在线约会网站上给她发了标准的"你好，很高兴认识你"信息。而在我的朋友简单地答复后，其反馈则是愤怒的谩骂，他指责她态度不积极，提醒她应该为收到自己的信息而感激涕零。（顺便一提，之后我们发现，这个人实际上比自己在网站上描述的年龄大十岁，也就是说比我朋友大十岁。）

在这种情况下，两个人会继续单身下去，因为一方错误地认为他自己拥有全部的市场主控权，而另一方则误以为她自己毫无市场优势，所以宁可保持单身也不想降低恋爱底线了。

我希望以一个小数据来做结尾，诠释我想表达的男女双方在晚年婚恋市场上的差异。在一项针对年过五十的人们的性行为研究中，研究人员发现被调查者在最近一次性行为中，如果对方（男朋友或女朋友）是自己的正式恋爱对象的话，男方会感受到更好的性体验；91%的男性和恋爱对象发生性关系并且达到性高潮，而与朋友或者一夜情发生性关系的仅有80%达到性高潮。

在另一方面，女性在最近的一次性行为中，如果对方不是恋爱关系的男性或女性，则有更好的性爱体验；58%的女性与恋爱对象发生

真正的"尽情尽性"

多年以前，一位真正有创造力（并且勇敢）的名为雨果·米亚隆的研究员搜集了六千名男女的数据，并总结出了关于他们的性高潮的经济学故事。不过，他并不想谈论多巴胺带来的愉悦感，米亚隆只想弄清楚为什么女性以及男性（我也非常吃惊！）规律性的假装性高潮。

大约26%的男性在他们目前的恋情中假装过性高潮，而女性比例则是72%。男性没有那么频繁地假装性高潮，但之所以他们会这么做是因为强烈地感觉到如果不这么做就没办法脱身。没有人会愿意被他/她的伴侣逮个正着，也就是说被抓住痛脚的可能性是有期望成本的，而男性假装高潮的成本也就远远高于女性。

这项研究展示出一个问题：当一位女性在假装高潮时，谁才是受骗的一方呢？真的是男方，因为女方在欺骗他？或者说是女方，因为她觉得自己不得不这么做？

调查中的大部分男性（55%）表示他们才没有被自己的伴侣愚弄过，对方是真的高潮了。从统计学角度来说，这些男士中至少有半数人的伴侣是假装高潮。与此同时，仅有24%的女性表示她们可以告诉对方自己是在假装（这个比例中也包括宣称自己是真的

DOLLARS AND SEX:
How Economics Influences Sex and Love

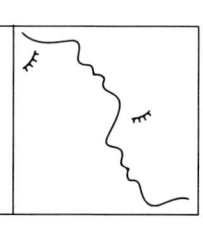

高潮的女性）。这种统计学上的矛盾只有一个解释：那些相信自己女人没有假装高潮的男性，实际上是被欺骗了；而认为不能告诉男人自己在假装的女性，实际上是可以说实话的。

如果男性知道自己的伴侣在假装高潮的话，他们能否接受呢？也许吧，但是性健康促进中心的数据显示，85%的男性表示在最近一次做爱结束时，自己的伴侣有过性高潮；而仅有64%的女性表示在她们最近的性行为中真正做到"性福满满"。

通过这种方式，想知道谁才是最虚伪的人吗？中老年男性要比年轻男性更加频繁地假装性高潮，也许是因为他们的性能力不复当年，此外，受过良好教育的男性和女性比教育水平较低的男性和女性更加频繁地假装高潮。

雨果·米亚隆推断教育水平高的人不是善于撒谎就是演技足够好，才能够这样"做戏"而从未被"抓包"。我的学生们则认为，有良好教育背景的人们没有足够的时间去达到"尽情尽性"。这不禁让我好奇，如果代价是毕生忙碌到都没有时间去享受这20秒钟的狂喜，他们何苦要投资颇多去接受教育呢？

性行为并达到性高潮，而80%的女性与仅仅是朋友关系的或者一夜情对象做爱并达到性高潮。

这在你看来也许没有什么经济学上的参考价值，但实则不然——性与爱市场远不止于供需关系这么简单。

尾　声

　　正如你所熟知的，经济学家们对两个领域具有普遍的兴趣：微观经济学和宏观经济学。微观经济学致力于弄明白每个个体的行为，这样，对性与爱的市场的经济学评估，本质上驱动我们对微观经济学家们发展出的理论加以应用。

　　话虽如此，当我们按自己的方式分析各种各样的性与爱的市场时，宏观经济学的众多变量对市场中的玩家的深远影响还是令我印象深刻。宏观经济学寻求的是对每个人的行为在经济上、整体上的运行，诸如教育、科技、国家收入（国内生产总值）、失业率、收入不均、消费以及存款等多种变量进行不同层次的分析。无论我们意识到与否，这些变量中的每一项都始终影响着我们对自己爱情的运作方式。

　　下面我将给出几个例子。

　　我们谈论过20世纪中，不断增长的雇员教育背景的重要性，它是如何促进社会对婚前性行为普遍认知的成型。增高的女性受教育比例提高了大学校园中的性淫乱程度，并且促使有良好教育背景的女性嫁给缺乏教育的男性。我们认识到网络科技的广泛应用促使更多有着相近教育背景和收入水平的人成为伴侣，这与过去相比大为不同，提高了婚姻的质量并有效地减少了离婚的发生。工业化在我们组建婚姻时起到了举足轻重的作用，也同样促进了生活在工业化发达国家中的大众对于同性婚姻的普遍认可和接受。我们已经认识到婚姻中的双方正在通过新的方式进行家庭决策，这归功于女性的挣钱能力逐渐与男性相当。在富人和穷人之间逐渐拉大的收入差距不仅仅导致离婚率前所未有地提高，从另一方面来讲，也刺激了来自低收入家庭的中学学生更多地尝试高风险性行为。

如果我们想预测社会中性行为和婚姻的未来走向，似乎我们就不能忽视这些宏观经济学上条件的不断变化对于每个个人决策的效用。

如果我想预测两个趋势，以此作为未来我将步入亲密关系的最重要因素的话，我会选择科技的发展和男女之间逐渐拉大的教育水平分歧。在过去的20年间，上述两者都发挥了显著的作用，因此没理由去怀疑它们在未来该市场运转中继续发挥的作用。

此外，当经济学家们在做市场预测时普遍没有太多关注这些时，我愿意通过自己的思路来解释这些市场将会走向何种方向。

——科技革新

正如我们所见，20世纪中叶避孕技术的突飞猛进大大削减了婚前性行为带来的风险。这种由新科技带来的期望成本的改变，有效地消除了男女之间发生随机性行为关系的障碍。结果就是淫乱行为概率上升，进而导致意外怀孕率上升和性传播疾病的蔓延，并且在平均水平上延迟了人们结婚的时间。

所以我们意识到,新科技能对人们的性行为决策产生深远影响。

最近的两项新科技倒是没产生如此大的效果,尽管如此,我深信性传播疾病检测技术和男性避孕技术将会改变随意性行为市场。

咱们先来举个例子谈谈性传播疾病检测技术。

英国众多厂商投资数百万在此项新技术上:通过购买售价低于两元的芯片,配合他们的手机就能让人们自行检测性传播疾病(STD)。厂商提出该项技术可以有效降低青年人中的性传播疾病高发率。但是正如避孕技术的革新提高了婚外孕的比例,性传播疾病检测技术的进步也许会增加性传播疾病发病率。

这是投资方设想的该产品的使用方式:一个小伙子有些担心自己是不是染上了性传播疾病,但是羞于去诊所做检查。作为替代方案,他购买这种芯片,滴上尿液或唾液后插入手机。转瞬之间,手机中的纳米技术就可以告诉他是否染上性方面疾病。如果不幸感染,他可以立即去诊所(是的,就是他刚才羞于进去的诊所)接受相关治疗。之后,这小伙子会选择在发生性行为时妥善采取保护措施,直到感染痊愈;也许在下次性行为抉择是否采取保护措施之前,他会再买一支芯片进行检测。

自然而然的,国家性传播疾病率至少会被削减一半,做出这种预期的自然是那些投资于该项新技术的投资人。

接下来谈谈对于这种新产品投入使用后我预计的情况。一位妙龄少女在夜店遇上某人,并且想和他在没有保护措施的情况下发生性关系。她在酒吧的自动贩卖机买了这种芯片(这的确是投资者打算售卖该产品的方式)并打算在洗手间自行检测一下。

接下来无非有这样两种可能性。

第一种可能性就是，这种装置显示她并没有感染什么手机可以检测到的疾病（衣原体或者淋病）。于是她会以此作为和她的新任性伴侣发生无保护性行为的谈判资本。实际上，这才是该项技术的经济价值所在——让不使用安全套做爱的谈判变得简单。在正确使用安全套可以有效地预防这两种疾病传播的前提下，事实的确如此。

第二种可能性是，这个装置显示她真的染上性传播疾病——在那样一个夜晚，就在夜店的洗手间里，在酒精的影响下——而门外就站着想要和她发生性行为，急切等待她的检测结果的那一位。这就真的不是一个经济学问题了，不过可想而知，在这种情况下发现染上性疾病是多么可怕的一件事。

如果这项技术促使更多的年轻人尝试不安全性行为，那么就算届时百分之百使用它——这项创新也会带来手机无法检测的疾病的感染率上升（比如梅毒和艾滋病毒），以及更多的意外怀孕发生。如果使用方法不得当，它实际上也会增加衣原体和淋病的感染几率。

在第一章中，我预测过男性避孕技术（MBC）的应用会削弱女性要求使用安全套的力度，进而导致STD的感染率上升。不过，我觉得MBC不会像20世纪六七十年代时女性口服避孕药的应用那样，造成性淫乱行为的猛增（可以说当时简直是发展到无法控制），市场上会由于MBC技术的应用而改变其行为的人群：青少年性行为市场。

如果想象一下你"家中有女初长成"，这种解释方式就非常容易理解了。

假如你刚刚成年的女儿有了男朋友，而男方时不时要求女孩儿和自己发生性关系。尽管女孩还没有准备发生这一步，于是警告对方如果不幸意外怀孕会给双方的人生造成很大麻烦，并以此阻止了男方想要"更进一步"的要求。某夜，男生告诉女孩，现在他有办法可以百分之百保证自己在接下来半年内不会造成怀孕。

那么女孩还有什么理由推脱呢？

使青少年男性可以有效节育，无形中会降低青少年发生第一次性行为的年龄。我得说没有证据可以说明过早地失去处子之身，即使没有怀孕，也是一种无法衡量的伤害。此外，过早地开始性行为必然会导致高校中发生各种各样与性有关的"事件"。而增长的性行为发生数量会带来传播疾病和怀孕的高风险，那么MBC也就间接导致人口中STD发病率和意外怀孕率的增长，其实现在上述风险已经存在，不论是否使用安全套都改变不了该结果。

当然，假设中，安全套的使用是否会改变，取决于年轻男性的意愿，他们是否会在知道基本不会怀孕的前提下仍然使用安全套呢？会有多少比例的人做此选择，我把这个问题留给你自己考虑。

不管怎么说，我并不是倡导去抵制这些新科技，我只是认为在我们认可这些技术可以保证STD和意外怀孕率下降之前，首先应该认识到，当有新技术得以广泛应用时，人们会随之改变行为模式。如果这样的行为改变有悖于新技术的设计初衷，那么它们就无法解决其设计时想要解决的问题。

如果你怀疑我的说法，可以看看这几十年来安全避孕措施的广泛应用之后，有多少婚外意外怀孕发生。

——男性和女性之间日益拉开的教育差距

正如你所知道的，早在20世纪80年代末，大学学院中的女生人数就已经超过男生。这种趋势在大学中日渐加剧,不论是哪个水平的教育,该趋势在近期都不会有所改变。

鉴于我们已经讨论过这种性别失衡问题在大学校园里扮演着怎样的角色——增加了混乱性行为而减少了传统约会——我认为现在我们该谈谈这种失衡将如何影响一个不同的女性群体:仅有中学及更低学历的女性。

大多数男女会等到完成学业后结婚并组建家庭,在平均水平上,教育水平较低的人结婚要早于接受更高层次教育的人。随着上大学的女生数量增多,那些中学毕业就结束学业的女性在最初的婚恋市场上占有优势。这不仅是因为她们面对一个有众多低教育背景男性的"人选池",也因为无大学文凭市场中的性别失衡把市场主控权交到这些女生的手中,至少理论上如此,因此可以提高市场中传统约会的水平。

然而从长远来看,低教育水平女性离婚的尤其多,而且更重要的是,当第一次婚姻走到尽头之后,她们大多没有再婚。这就是说当具备大学学历的女性进入婚恋市场后,该市场中既有受过良好教育的男性和缺乏教育的未婚者——有些一直单身,有些则已经离异;并且正如我们所知,教育背景良好的女性并不仅仅局限于寻找比自己年长的男性。

随着受过良好教育的女性嫁给更年轻的低教育水平男性的人数逐年增多,没能上大学的年轻女性现在在婚恋市场中要和年长但有良好教育背景的女性竞争。

如果事实如此,从经济学角度来看,家庭更关心的是孩子能够得到更好的教育而不是生更多的孩子,母亲的教育层次势必会延续到孩子身上，那么婚恋市场中教育水平较低的女性其市场价值显然会持续降低。这是因为教育良好的男性逐渐改变了偏好，不再喜欢年轻、丰乳肥臀的妻子，转而喜欢受过良好教育、纤瘦而成熟的知识女性。

在高等教育体系中，女性数量超过男性的现状增加了教育不足的女性在婚恋市场上的竞争难度，使得她们要么选择保留价值处于低水平的伴侣（比如，成就一段低质量的婚姻），要么始终保持单身。随着这类女性的结婚率持续下降，似乎很多人都还是单身而没有选择一段远远达不到预期的婚姻——哪怕这意味着她们需要独自抚养孩子。

正如我们所见，女性几乎没有理由相信她们最终能够结婚，于是就更愿意尝试高风险的性爱行为。这种对婚姻的低预期也就解释了在过去为什么经济困窘的女性会发生如此高比例的青少年怀孕和STD感染案例。

这些事实都不是什么新闻，不过比起去预测未来社会规范会因此而怎样演变，我更想说的是这间接导致教育上的差距愈发加剧。

受过高等教育女性的意向对象，在近期更多地倾向于那些教育水平较低，更年轻并且/或者收入低于自己的男性，这一现状促使社会标准迅速演变，同时社会准则也在性解放运动中随之改变。这种社会标准的改变是高校招生变化的结果，潜移默化地改变了男女性关系，并且将挑战"男子气概"和"女性温婉"的传统概念。

不过随着受过高等教育的女性逐渐解放，可以自由嫁给喜欢的人，同样的驱动力也将从本质上剥夺掉教育水平较低的女性在婚恋市场上的基本公民权利，可能会将更多的孩子推入贫困境地。

当然，这有一个解决办法，就是允许富有的男性娶不止一位太太——换言之，一夫多妻制合法化。

我曾提出过男性收入水平不均衡促成一夫多妻制,而女性教育水平不均衡促成一夫一妻制。所以说建议以一夫多妻制来解决加剧的女性教育水平不均衡问题是违背常理的。但是我们所说的女性不均衡促成一夫一妻制是取决于假设:受过良好教育的女性是一种相对稀缺资源;而这一事实也将不复存在。所以说,随着时间的推移,娶多个具有良好教育背景的女性为妻,将变成富有男性"负担得起"的消费。

在未工业化国家中接受教育的女性是不会鼓励一夫多妻制的,不过女性接受教育程度在很大比例上优于男性,这很可能会促进工业化国家中一夫多妻制度化的进程。

这一状况最终预示着,加剧的教育程度差异将会导致更大的家庭收入差距。这是因为当女性得到更好的教育之后,男性势必也会在较高教育水平上得到更高的薪水。结果就是,在那些妻子受教育水平高于丈夫的家庭中,家庭收入明显会高于那些妻子教育程度低于丈夫的家庭,因为前者家庭由两位高收入者组成。

随着越来越多的家庭成为第一种类型——妻子受教育程度高于丈夫——原本已经很大的家庭贫富差距将会更加悬殊。

——写在最最后面的话

我已经提出,在经济学架构内思考,能够更好地理解与性与爱情有关的几乎每一个选项、每一种抉择以及每一个结果。不管你是否信服,希望我讲述的这些故事——虚构的、实证的、理论上的——都在劝说你,纵观我们的人生,我们所有人始终都处于性与爱情市场中。无论说过或做过什么,我希望当你的市场清洗明朗时,你可以找到一位远远超出你的预期价值的买家作为伴侣。不管怎么说,心中没有浪漫的爱情对我来说都是毫无意义的。

当我们在谈论宏观经济变量时，我发现我所推断的结论给我的性与爱经济学课堂带来了一些狂热的学生。这些点子不是关于宏观经济变量能够怎样影响性行为，而是关于性行为能够怎样帮助我们更好地理解宏观经济变量。

也许你听说过每年《经济学人》发布的"巨无霸指数"。这一指数的重点，是使汇率理论能够通过读者更容易接受的一个现实实例来阐述"购买力平价理论"——该理论是国家间综合价格之比，即两种或多种货币在不同国家购买相同数量和质量的商品和服务时的价格比率，用来衡量对比国与国之间价格水平的差异，这在全球广为应用。《经济学人》对比120多个不同国家中，一种统一的自由贸易的商品——巨无霸汉堡包——的价格。意图就是：当把不同国家的巨无霸售价与美元售价进行对比后，我们就可以判断该国货币的现行对美元汇率是被高估还是被低估了。

好吧，下面说的是一个劲爆话题："口交指数"。

我认为，口交是一种相对同质的服务，而且这种服务至少和巨无霸汉堡包一样属于广泛交易。我可以肯定跨国界的性工作者通常会比各国家的麦当劳员工更加期望高工资。而且，虽然当游客在不同国家旅行时也会去麦当劳就餐，他们却不会为此蜂拥至麦当劳最为便宜的国家去；色情观光游客人数远远超过"巨无霸汉堡"游客。综合上面两个因素来看，一边是供应方另一边是需求方，促成了口交服务至少与巨无霸汉堡一样具有国际市场价格。

尽管我没有什么直接的证据，但是我认为如果真的提出这种指数，可以发现这种同质服务的价格差异并不仅仅局限于国与国之间的单纯购买力差异。也许口交服务工作是单一的，相对来讲，性工作者也是单一性质的职业，但是仍存在多方面的其他因素影响着国与国之间不同的口交服务价格。

比如，与随机性性行为对应的社会准则会影响口交服务的市场价格，那么我们需要校正那些性行为更开放的自由城市中的相关价格。婚姻制度也同样发挥着举足轻重的作用，于是我们需要校正那些一夫多妻制国家的相应价格。此外，若有女性人数过剩，或者外籍妻子更容易移民入境，或者网络科技降低了口交服务的搜索成本等等情况，都需要对价格进行校正。

你大概已经明白，很多经济学因素会影响我们一直讨论的非正规的性行为与爱情市场，它们也影响着其他性爱市场，一个更加容易衡量其价值的市场——性交易市场。

也许这一话题我们可以留待今后加以讨论。

鸣　谢

写一本书，就像养育一个孩子；而你一定明白，要是有团队的照料支持，养育孩子会轻松得多。早在孕育本书时——那是在新奥尔良，只是把它作为消遣——我的团队就已经组建完成，他们是：泰格特·布鲁克斯、布鲁克斯·凯撒、丹尼尔·德·孟尼克、查尔·维斯、古德·维斯、迪尔德丽·麦克洛斯。

在早年间，我很好奇学生们在我的性行为与爱情经济学课堂上是否意识到我将来会写这样一本书。"大思想"网络视讯论坛上的大好人保罗·霍夫曼谨慎而乐观地认为，我会是一位好作家。此外，还要感谢众多平台以及给予我大力支持的我的各位博客编辑：《大思想》网刊的大卫·赫西曼和丹尼尔·霍楠、《环球邮报》网刊的罗伯·吉尔罗伊，以及《加拿大商业杂志》网刊的乔丹·蒂姆——正是他们使我能够和广大听众保持联系，同时从成千上万读者的留言中受益。那些给我提供研究内容的人丰富了我的经验，他们是：赖安·戴维斯、弗朗西丝·沃利、肖珊娜·格罗斯巴德、詹姆斯·芬斯克、阿纳托利·格鲁择、妮可·贝尔、特蕾莎·麦金尼斯、迈克尔·马戈利斯。

到了该找"助产师"时,我足够幸运地找到了丹尼尔·斯维特科夫,他还带来了伊丽莎白·费雪、吉姆·莱文,以及莱文·格林伯格大家庭的其他成员,这真是棒极了。我的很多好朋友都陪我走完全程,特别是特丽萨·赛勒斯和南希·迈克米肯。我的"助产士"团队,编辑詹妮弗·朗博、利·哈伯、丽萨·泰伯、简·沃伦,文字编辑珍妮·西尔弗·根特,他们确保了完成稿在呱呱坠地时尽善尽美(而且是无痛的!),完成前就把我的宝贝装扮得漂漂亮亮——从设计到宣传以及最后的代理销售。

我的这个新生儿现在有了家人,一本在那些无眠的夜晚逐渐酝酿成型的新书——特别鸣谢格蕾丝·艾德谢德、帕梅拉和唐纳德·罗斯。虽然里贾纳、邓肯·艾德谢德没有预料到会有这个亲戚的到来,我希望他们可以分享我由此获得的快乐。

DOLLARS AND SEX:How Economics Influences Sex and Love
by Dr.Marina Adshade
Copyright ©2013 by Marina Adshade
Simplified Chinese translation copyright ©2014
by New Star Press Co.,Ltd.
Published by arrangement with author c/o Levine Greenberg Rostan Literary Agency
through Bardon-Chinese Media Agency
ALL RIGHTS RESERVED

图书在版编目（CIP）数据

爱情市场：你必须了解的性与爱的经济学 /（美）玛丽娜·艾德谢德著；斯塔夏译.
—— 北京：新星出版社，2017.5
ISBN 978-7-5133-2585-1

Ⅰ.①爱… Ⅱ.①玛… ②斯… Ⅲ.①爱情－通俗读物 Ⅳ.① C913.1-49

中国版本图书馆 CIP 数据核字（2017）第 070013 号

爱情市场：你必须了解的性与爱的经济学

（美）玛丽娜·艾德谢德 著　斯塔夏 译

责任编辑：冯文丹
责任印制：李珊珊
装帧设计：冷暖儿

出版发行：新星出版社
出 版 人：谢　刚
社　　址：北京市西城区车公庄大街丙3号楼　　100044
网　　址：www.newstarpress.com
电　　话：010-88310888
传　　真：010-65270449
法律顾问：北京市大成律师事务所

读者服务：010-88310811　　service@newstarpress.com
邮购地址：北京市西城区车公庄大街丙3号楼　　100044

印　　刷：北京鹏润伟业印刷有限公司
开　　本：660mm×970mm　　1/16
印　　张：17.5
字　　数：145千字
版　　次：2017年5月第一版　2017年5月第一次印刷
书　　号：ISBN 978-7-5133-2585-1
定　　价：49.00元

版权专有，侵权必究；如有质量问题，请与印刷厂联系调换。